BEI GRIN MACHT SICH IHR WISSEN BEZAHLT

- Wir veröffentlichen Ihre Hausarbeit, Bachelor- und Masterarbeit

- Ihr eigenes eBook und Buch - weltweit in allen wichtigen Shops

- Verdienen Sie an jedem Verkauf

Jetzt bei www.GRIN.com hochladen und kostenlos publizieren

Lilly Maier

Thomas Mann. Das erzählerische Werk und seine Verfilmungen

GRIN Verlag

Bibliografische Information der Deutschen Nationalbibliothek:

Die Deutsche Bibliothek verzeichnet diese Publikation in der Deutschen National-
bibliografie; detaillierte bibliografische Daten sind im Internet über http://dnb.d-
nb.de/ abrufbar.

Impressum:

Copyright © 2012 GRIN Verlag GmbH
Druck und Bindung: Books on Demand GmbH, Norderstedt Germany
ISBN: 978-3-656-88831-4

Dieses Buch bei GRIN:

http://www.grin.com/de/e-book/288527/thomas-mann-das-erzaehlerische-werk-
und-seine-verfilmungen

Thomas Mann - Das ehrzählerische Werk und seine Verfilmungen

Werkzusammenhang Thomas Mann

- 11 Romane (wenn man Anhangsroman zu Dr. Faustus als eigenen zählt)

- ca. 30 Erzählungen

- ca. 20.000 Seiten Tagebuch geschrieben, Hälfte vernichtet (These dazu: Mann hat so die Rezeption seines eigenen Werkes f. d. Nachwelt gesteuert)

- sehr viele Essays

- um die 30.000 Briefe – durchaus auch poetisch

Lyrisches + Dramatisches Werk wird in Vorlesung weggelassen
→ geht um Epik → Thomas Mann als Erzähler

Topos d. Erotik, d. Krankheit, d. Todes spielt große Rolle im Werk v. Th. Mann
    diese Literatur-Analyse ist stark v. Manns Zeit geprägt

Dr. Jahraus anderer Blick: Was ist Zusammenhang v. Manns Werk?

<u>Fragestellung: Was hält Manns Werk zusammen?</u>

Gibt es ganz bestimmte Figurentypen die immer wiederkehren?
    Ja → Siehe auch in den Namen, viele a und o;
    auch physisch sind sich diese Figuren ähnlich => Typus

<u>Fragestellung: Wie kann man ein Konzept entwickeln, dass d. eigentümliche literarhistorische Bandbreite v. Th. Mann erfassen kann?</u>

Rolf Günther Renner: <u>Lebens-Werk.</u> Zum inneren Zusammenhang d. Texte v. Thomas Mann.

- Renner zieht Zusammenhänge zw. allen Werkteilen und auch zw. fiktionalen u. nicht-fiktionalen Werk (will Briefe mit Essays und Romane in Verbindung setzen)

- klassischer Topos d. Literaturgeschichte: <u>Leben und Werk</u> (positivistische Idee)

- Idee d. gelebten Lebens (Konzept v. Th. Mann) → Mann sagte, dass er sein Leben autobiographisch in seine Literatur verarbeitete, aber im Rückschluss hat dieses Werk Auswirkungen auf sein Leben → „Manns beste Figur war der Schriftsteller Mann"
    → Bsp. Mario und der Zauberer (seine Kinder nannten ihn ja auch „Zauberer")

- Renner will all dies verbinden, sieht Tod in Venedig als zentralen Text in dem alle Stränge zusammenlaufen - Werk darüber: „Das Ich als ästhetische Konstruktion"
    gibt natürliche viele Figuren in Manns Werken, d. darauf passen
    (Bürger-Künstler-Konstellation)

Jahraus ist gegen biographistisches Analysemuster v. Texten, sagt, dass ist zu kurz gefasst
 Texte lassen sich nicht auf autobiographische Muster reduzieren
 nur weil man da immer fündig wird, heißt dass nicht, dass man die Sozialgeschichte
 weglassen soll

trotzdem ist Biographienlesen guter Ansatz, um sich dem Werk zu nähern → „Lebenswerk"

Jahraus nimmt wie gesagt anderen Weg

Schwerpunkte:
- Blick auf Werk und Genealogie
- Verfilmungen

→ Umweg über Verfilmungen hilft beim Aufzeigen d. Werkzusammenhangs, d. roten Fadens
im Werke Thomas Mann

Jahraus These:
Th. Manns Werk = großes literarisches Projekt einer literarischen Gesellschaftsgeschichte v.
19. bis ins 20. Jhdt.

=Projekt das auch über Mann hinaus Bestand hat
Wichtig darin: Bürger-Künstler-Problematik

+ Fragestellung: Wie helfen Filme beim Herausfinden d. inneren Zusammenhangs in Manns
Werk?

- Geht nicht um normatives Geschmacksurteil (guter/schlechter Film)
- Inwiefern interpretiert d. Film d. Literatur?
- Was kann Literatur als Medium? Was bedeutet es, dass etwas literarisch erfasst wird?
  Was bringt dann beim Film die Verbindung v. Bild u. Ton? Welche Rolle spielt
  Mahlers Musik als Interpretation in Morte a venezia?
- Wie wird denn dann der innere Werkzusammenhang anders deutlich?

Filmausschnitt aus „Der Turm", Fernsehzweiteiler aus 2008, Literaturverfilmung v. „Der
Turm: Geschichte aus einem versunkenen Land" von Uwe Thelkamp

immer wieder in Verbindung mit Buddenbrooks genannt

erzählt DDR-Geschichte am Beispiel einer Familie, d. f. die DDR aber sehr ungewöhnlich u.
nicht repräsentativ ist (Ärzte u. Intellektuelle statt Arbeiter) – Figurentypus d. Bürger, den d.
DDR ja ausmerzen wollte

Familienabendessen, Zusammenkunft d. Familie (soziales Ritual) – Dinge kommen zur
Sprache, d. sonst nicht zur Sprache kommen, konstituierendes Ritual f. Familie

Essen in Gemeinschaft = extremst gemeinschaftsstiftend

Familie = Zwischenglied, wo Spannung zw. Individuum/Individualität u. Gesellschaft gezeigt
wird

Narratives Element, das in Erzählungen ab 19. Jhdt. verwendet wird => europäischer Realismus (lange v. Mann entwickelt, hat bis heute Auswirkungen)

bei realistischer Familie ist immer Verhältnis Vater u. Sohn wichtig (bei Goethe war es Vater-Tochter) – oft selber Beruf

d. entscheidende ist d. gesellschaftliche Kontext – hier: DDR

Bürger = Figurentypus, der bei Th. Mann immer sehr wichtig ist!

Turm = Art Mythos, Märchen – betrachtet v. außen d. kommunistische Diktatur, nimmt Familie als Reflexionspunkt

Film lässt diese mythische Ebene weg – 1000 Seiten Roman auf 140 Minuten verfilmt => Verkürzung u. Verlagerung

Film bildet soziale Wirklichkeit ab, legt Fokus viel stärker auf soziale Wirklichkeit d. Figuren als das Buch (dadurch wirkt Film manchmal schematisch u. klischeehaft)

Uwe Thelkamp u. Grass „Blechtrommel" sind gute Hintergrundlektüren f. diese Vorlesung
  → um inneren Zusammenhang d. Werkes v. Th. Mann zu zeigen

Literaturverfilmungen

Thomas Mann gehört zu den mittleren Autoren, was die Verfilmungsdichte angeht
  → ist aber ja auch großes Werk
  → für d. Größe d. Werkes ist die Verfilmungsdichte dann aber auch nicht so groß

Buddenbrooks allein 5 Mal verfilmt – erklärt starke Rezeption dieses Werkes
auch spannend, weil es Ansätze / Strömungen d. deutschen Filmes zeigt – 1923, 1959, 1965, 1979, 2008

auch bei Felix Krull spannend, weil Zeitpunkt d. Entstehens ja in Bezug dazusteht, welches Gesellschaftsbild zu welcher Zeit aktuell war

→ man darf Film nicht unter Wert verkaufen

Literaturvorlage = grundlegend
bei Literaturverfilmung beschreibt man Medienwechsel
in normativer Hinsicht, wird dann schnell gesagt, dass Film nie das Buch erreichen kann
  → greift zu kurz !
  → Film muss eigenständig betrachtet werden

Film ist nicht nur, weil er ein Film ist, normativ gesehen schlechter als das Buch
  → das wäre ein Geschmacksurteil
  → wie kann man die 2 denn wissenschaftlich vergleichen?
    → nach Komplexität d. „Textes"

Methodischer Startpunkt: beide „Texte" werden nicht einem normativen, sondern einem deskriptiven Vergleich unterzogen

→ braucht Kriterien, um die beiden zu vergleichen

50% aller Filme mit einem narrativen Gehalt, sind auf Literatur zurückzuführen = in
weiterem Sinne Literaturverfilmungen
      Literatur = maßgeblicher „Stofflieferant" f. Film, Film braucht Literatur

<u>Warum greift Filmproduktion so oft auf Literatur zurück?</u>

- Erzählweise d. Films scheint nicht in d. Lage zu sein, Geschichten zu erzählen
- in Büchern kann erzählt werden, dass erzählt wird („In diesem Buch soll es um ....
  gehen", „wird die Geschichte von ... erzählt")
- Text kann sich vom Erzählten abheben, kann Abstraktionsebene wechseln
- nur der schriftliche Text kann das tun
- Film kann das nicht
- außer er hat einen Voice-over-Erzähler, in dem Fall imitiert Film aber Erzählweise
  v. Literatur

Filme haben eingeschränkteren Möglichkeitsraum, um Geschichten zu erzählen
      → erzählen durch Montage von Bildern
      → muss immer konkretisieren, kann nicht so abstrakt sein wie Literatur
(Buch kann sagen „er kommt herein", Film muss Tür zeigen)

→ deswegen greifen Filme so oft, auf Literatur zurück

These: Es liegt nicht (nur) am Stoff, es liegt daran, dass der Film in der Literatur Erzählungen
vorfindet und daran beurteilen kann, ob er das visualisieren kann oder nicht

<u>Leitfragen zur Analyse von Literaturverfilmungen</u>

Was tun, wenn man eine Literaturverfilmung vor sich hat?
→ Heuristische Detailfragen

1. Material: Was wird verfilmt? Was wird weggelassen? Welche Auswirkungen hat dies
   auf die Erzählung, auf die Darstellung der Figur auf die Entfaltung des Konflikts?

       Bsp. <u>Blechtrommel</u>
       Roman aus 3 Teilen (vor, im u. nach 2. WK)
       – im Film wird ganzer 3. Teil weggelassen
       Buch: irgendwann beschließt Oskar Matzerath nicht mehr zu wachsen, später wächst er dann
       wieder
       Film: lässt Vorgeschichte weg: Anfang er wächst nicht mehr, Ende er wächst wieder – anderer
       Spannungsbogen = andere historische Kontextualisierung
       Film zeigt Aufstieg u. Untergang d. Nationalsozialisten – lässt deswegen aus pragmatischen
       Gründen d. 3. Teil d. Buches weg → er erzählt damit eine andere Geschichte

       Bsp. <u>Tod in Venedig</u> - <u>Morte a venezia</u>
       Novelle imitiert Dramenstruktur u. ist in 5 Teile eingeteilt, 2 Kapitel bevor er überhaupt zu
       reisen anfängt (innerpsychische Vorgeschichte, warum er reist), zuerst reist er nach Istrien
       Film lässt all das weg, fängt erst mit Ankunft in Venedig an – im Film weiß man also nicht,
       warum er reist, kennt seine Hintergründe nicht – andere Geschichte erzählt

2. Was wird geändert? Wird das Setting der erzählten Geschichte verändert?

> Bsp. <u>Traumnovelle</u>, Verfilmung „Eyes wide shut" von Stanley Kubrick
> Erzählung spielt in Lebenswelt d. Autors, im Wien d. Jahrhundertwende
> Kubrick verlegt das auf seine Jahrhundertwende (1999) und nach New York

3. Wie wird filmisch erzählt? Welche Bedeutung hat die Montage und die mise-en-scène (Inszenierung) für die filmische Narration? Was macht die Kamera? Aus welchem Blickwinkel schaut die Kamera (im Vergleich zum Erzähler)?

4. Welche Auswirkungen hat die Visualisierung auf die erzählte Geschichte? Was sagt die Visualisierung über Figur und Konflikt?

> Gefühl, wenn man Buch liest, dann Film sieht u. erstaunt /enttäuscht ist, wie die Figur aussieht
>
> → was bringt Visualisierung mit sich?
> Im Text kann es eine Beschreibungsorgie d. Aussehen u. Charakters geben u. Aussehen,
> Charakter bleibt trotzdem immer hinter Handlung zurück
> Im Film sieht man Figur immer, muss nicht beschrieben werden, immer im Vordergrund
>
> Schauspieler bringen ein Rollenprofil mit, das sich in Köpfen d. Zuschauer festgesetzt hat –
> Bsp. Filme mit Frodo funktionieren nicht, oft können Schauspieler dann nur noch bestimmte
> Genres spielen
>
> oft Vorwurf Film schränkt Phantasie d. Zusehers ein, man kann's sich's nicht mehr selber
> vorstellen, weil alles schon verkörpert ist – Jahraus hält davon nichts, auch Filme lösen
> Phantasie aus, aber halt nicht gerade beim Aussehen einer Figur – Menschen identifizieren sich
> leichter mit filmischen / visuellen Figuren als mit Buchcharakteren

5. Wie wird die Positionierung des Erzählerstandpunkts und des erzählten Fokus umgesetzt? Wo steht/agiert die Kamera? Wie wird die Differenz zwischen Innenperspektive (die psychische Disposition) und Außenperspektive (die soziale Disposition) gehandhabt?

> Film ist auf Außenperspektive fixiert, er kann Innenperspektive nur über Umwege zeigen
> Bsp. Im Buch steht, der Held ist glücklich – wie will Film das zeigen?
>
> Umwege: - Voice-over-Erzähler d. Literatur imitiert
>   - Montage aus Bildern, die Gedanken zeigen soll (glückliche Erinnerungen) – ist
>   aber ja in Wahrheit wieder Außenperspektive, nur Art d. Montage zeigt, dass es
>   eine Innenperspektive ist
>
> Thomas Mann hat spannende wechselnde Erzählerpositionen – von auktorial auf personal und
> dann weiter noch persönlicher durch erlebte Rede „Er fühlte sich nicht wohl..." – oder
> markantes Umschalten auf inneren Monolog (absolute Innenperspektive)
>   Wie mach ich das jetzt im Film?

6. Welche rhetorische Funktion übernehmen die Bilder für die narrative Argumentation? (Rhetorik des Filmes)

> These über <u>Tonio Kröger</u> – Typus d. eigenartigen Bürgerkünstlers – ausgeführt im Buch im
> Gespräch von einer Freundin
>
> Im Film übernehmen Bilder die Funktion v. rhetorischen Funktionen
> Bsp. Bild v. Straße, die ins Nichts führt = These d. heimatlosen Helden
> Sind aufgeladene Bilder, Motive, die wir erkennen

7. Welche semiotische Funktion haben die Bilder? Welche semiotische Potenzial wird aus dem Zusammenhang von Bild und Ton aktualisiert?

   Alles was sie in einem Bild sehen ist signifikant, alles im Bild ist zeichenhaft, semiotisch = bedeutend

8. Wie lassen sich medienspezifische Aspekte gegeneinander halten (was kann der schriftliche, was kann nur der audiovisuelle Text?) und welche Funktionen übernehmen solche Medienspezifiken?

   Literatur ist was nur Literatur kann, Film ist was nur Film kann

   Problematik bei Literaturverfilmungen => Intermedialität

   Medienspezifik = nicht Übersetzbarkeit v. einem Medium in ein anderes

Filmausschnitt Günther Grass-Verfilmung „Die Blechtrommel"
Figur Oskar Matzerath – Sprecherposition, Ich-Erzähler

Erzähler als Voice-Over über Film gelegt

OM = Schelm, Pikaro
Grass greift auf lange Tradition zurück, die seit Goethe nicht mehr aktuell ist
– Pikaro = statischer Held, der sich nicht entwickelt – erlaubt es, an ihm die Welt Revue passieren zu lassen – Held bewegt sich nicht, sondern Welt/ Gesellschaft

Vgl. zu Th. Mann → Spannungsverhältnis Novelle „Der Bajazzo" (1897) u. „Felix Krull"
      Bajazzo = Clownsfigur d. Comedia del'Arte – Typus d. Spaßmachers, d.
Ausgeschlossene, der A-Soziale, nicht in Gesellschaft integriert

Mann greift Typus später wieder auf, Felix Krull ist wieder A-Sozial, weil er Gesellschaft verweigert u. diese Verweigerung systematisiert

Mazerath, Bajazzo, Krull = Figuren, die da sind, um soziale Begebenheiten transparent zu machen

Ausgangsthese: Fragestellungen: Welches Projekt entfaltet Mann? Wie helfen Filme dabei draufzukommen?
Mann → Projekt einer Gesellschaftlichkeit

Blechtrommel-Film beginnt mit Blick auf Landschaft, dort sitzt Frau, dann kommt Mann dazu, versteckt sich unter ihren Röcken = Urszene, Urzeugung → hier wird die Mutter v. Oskar Mazerath gezeugt

Roman beginnt anders, Bezug auf Urzeugung auch, aber dann „Zugegeben ich bin Insasse einer Heil- und Pflegeanstalt", fühlt sich vom Pfleger durch Guckloch beobachtet, den er nicht sehen kann – Schau-Konstellation
= Gegensatz gesellschaftlich normal, gesellschaftlich weggesperrt
      im Buch wandelt sich das dann immer mehr, bis der Eingesperrte eigentlich als Beobachter der Normale ist
Heilanstalt = Innenansicht, soll seine Geschichte aufschreiben

Literatur: Inszenierung d. Innenwelt über Psychopathologisierung – über Konstellation des eingesperrten Beobachters – „Hellsichtigkeit des Wahnsinnigen" – der weggesperrte, kann besser beobachten

Film: Inszenierung d. Außenwelt, Bebilderung

Innenwelt über literarische Inszenierung, Außenwelt über Bebilderung

Was man im Film sieht, ist nur Außenwelt – wir müssen selber erkennen, dass der unter dem Rock grade ein Baby zeugt

2. Option: v. a. in Literatur, inneren Blick wählen – was geht in Köpfen vor, was sind Gedanken, Emotionen, Phantasien, Antriebe, Triebe d. Personen

= nicht immer so, es gibt auch kreuzweise andere Optionen

realistischer Roman d. 19. Jhdts.: reine Außenperspektive, Bsp „Effi Briest" (Fontane?)

nur 11 Jahre später, Schnitzler „Leutnant Gustl" – kompletter innerer Monolog

Frühe Novellen von Thomas Mann

→ Wie Entfaltet sich literarisches Projekt einer Gesellschaftsanalyse bei Mann?

Frühwerk: 3 Novellenbände – 1898, 1903, 1914
Kontext: Tod in Venedig (1911-1912), Buddenbrooks (1901-1903)

Knapp 15 Jahre in denen Grundstrukturen festgelegt werden

Worum geht es in diesen Novellen: Topos d. Bürger-Künstler-Problematik

ABER nicht nur

> Frage: Wie funktioniert diese späte bürgerliche Gesellschaft unter den neuen Begebenheiten des 20. Jahrhunderts?

→ lässt sich natürlich auf biographische Geschichte d. Familie Mann umlegen
2 Söhne = super, aber beide nicht gewillt, väterliches Erbe fortzusetzen – Firma zerfällt

Firma kann nicht weiter geführt werden = typisch f. Gesellschaftsentwicklung

→ familiäre Bruchstellen nicht nur in Familie Mann

Grund: immanente Verfasstheit dieser Gesellschaft als spätbürgerliche Gesellschaft – Gesellschaft ist nicht mehr in der Lage Anforderungen dieser Traditionen zu erfüllen

Diese Großanalyse natürlich nicht in Novellen, sondern in Buddenbrooks
= Wechselverhältnis zu Novellen

„Der kleine Herr Friedemann", „Der Bajazzo"
  beide Typus: Außenseiter, nicht in Gesellschaft integriert (A-Sozial), aber nicht völlig,
  sind nicht eterretoriale Figuren, tragen bürgerliches Erbe fort, kommen aus Mitte d.
  Gesellschaft,
  bürgerliches Erbe problematisch geworden, weil ihnen Moment d. Inklusion fehlt –
  keine Einbindung an Gesellschaft

→ Was reduziert Inklusion/ Einbindung?
→ d. Entscheidende f. diese Symptomatik liegt in d. Gesellschaft selbst
  → Außenseiter hat immer zwei Seiten, Gesellschaft macht ihn erst zum Außenseiter

Gesellschaft = an entscheidendem Wendepunkt, was Reproduktion ihrer männlichen
Mitglieder angeht
  – Männer können das eine werden
    Teil d. gesellschaftlichen Reproduktionszyklus -   Bsp. Herr Klötewahn aus
    Novelle „Tristan" – wunderbare Frau mit wunderbar gesundem Kind – Klötewahn
    heißt übersetzt „Hodenmann", nur auf Reproduktion d. Familie gesetzt

  – oder das andere
    Männer, die nicht am biologischen Reproduktionszyklus teilnehmen (haben keine
    Kinder) – Bsp Aschenbach, Bajazzo, Hanno Buddenbrook?

Vorgeschichte: Gesunde Männer zeugen „kranke" Söhne – fehlende
Reproduktionsbereitschaft dieser Gesellschaft – wollen keine Kinder

Manns Außenseiter sind nicht arm, sind nicht wegen mangelnder Ressourcen Außenseiter,
sonder wegen der fehlenden Inklusion

Wie kommt es zu diesem Typus?

  - Krankheit
  - Erotik
  - Intellekt
  - Kunst

  - Krankheit: Gegenüberstellung von gesund u. krank
    → Gesellschaft ist in ihrer eigenen Darstellung gesund, in Wahrheit aber krank
      Klötewahn ←→ Spinell
    → Es gibt Räume d. Gesunden u. Räume d. Kranken – Tristan spielt im
      Sanatorium, wunderbare Raum, um in extenso gesellschaftliche Prozesse in
      Frage zu stellen
        → Räume d. Ausgeschlossenen auch in Zauberberg, Blechtrommel

  - Erotik – Gesellschaften sind gesund, also sind sie auch sexuell reproduktionsfähig
    → in d. Moment, wo Erotik sich nicht auf sexuelle Fortpflanzung festlegen lässt,
      haben wir andere Erotik – auf Entfaltung d. Sehnsuchtsmoments festgelegt

    → Friedemann: unglücklich verliebt
      Tristan: Sehnsucht, zwei Liebende, die nicht sein dürfen
      Wagners Tristan u. Isolde (als kleines Intermezzo geplant), dann 1,5 h
      musikalischer Sex, dann Liebestod

Mann rezipiert Wagner als Vorläufer seiner Gesellschaftsgeschichte, gesellschaftliche Strukturen transparent gemacht

Wagner schafft „Liebesmodell" - Mann u. Frau in veränderter entfremdeter Gesellschaft – Mann u. Frau = so sollte Gesellschaft sein, ist sie aber nicht mehr; Mann rezipiert genau diesen Punkt, aber entscheidende Veränderung: (Erotik v.) Mann u. Frau = Utopie

Ähnliche Szene: Gerda Buddenbrook bittet Klavierlehrer Wagner zu spielen, der weigert sich, weil er diese Musik als Blasphemie, Untergang sieht → spielt sie dann aber doch

Bedeutung Wagners f. Mann → Wagner = Krisensymptom dieser Gesellschaft, Mann rezipiert dieses Krisenhafte, Umbruchhafte v. Wagner

- Intellekt: Fähigkeit zur Reflexion dieser Verhältnisse

  am Besten repräsentiert v. Tonio Kröger
  Kröger Lübbecker Kaufmannsadel, Tonio = exotische Namensform v. Anton, Anton = Supersohn in Tristan

  Kröger = d. Figur, d. am intensivsten über Bürgerlichkeit reflektiert
  Freundin Lisaweta Iwanowa nimmt ihm Selbstanalyse ab
    Lisaweta = auch Thomas Mann selbst, gibt Antwort auf selbstgestellte Frage
    (v. ihm u, Kröger): „Wer bin ich eigentlich"

    „Antwort, die Lösung ist, für Problem, das sie so sehr beunruhigt hat: dass sie, wie sie dasitzen, ganz einfach ein Bürger sind."
    Milderung: „Sie sind ein Bürger auf Irrwegen, ein verirrter Bürger."

    Verirrter Bürger = Mitglied d. Gesellschaft mit reduzierter Inklusion

- Kunst, Ästhetische (Selbst)erfahrung, ästhetischer Selbstentwurf. d. Bürger

  Künstlertum, auch Künstlichkeit

  Ästhetische Konstruktion d. Ichs → meint auch immer artifiziell Konstruktion

Wie interagieren diese 4 Elemente?
→ Mann probiert das in immer anderen Konstellationen aus
  - Krankheit
  - Erotik
  - Intellekt
Kunst

Jahraus: Mann experimentiert in diesen kurzen Novellen mit immer einem Problemfeld, um seine Gesellschaftsanalyse vorzubereiten / zuschreiben

Friedemann → Krankheit

Bajazzo → Vorwurf d. Vaters, Bajazzo-Idee → äsethisches Element

Friedemann, Bajazzo – Versuche erotisch aktiv zu werden, scheitern beide

In Tonio Kröger erotisches Element zurückgenommen – geht mehr um intellektuelle Beziehung zw. Kröger u. Lisaweta

Potential f. übersteigertes ästhetisches Potential
→ Bsp. Spinelli (biologisch u. ästhetisch impotent, Frau spielt Klavier)

diese 4 Felder = Formen v. Desintegration

gibt in Novellen Sympathielenkung, Mann lässt Leser sehen, was er sie sehen lassen will
Texte = keine Plädoyers f. eine Figur, man kann immer auch Ironisierung d. Asozialen mitlesen

Hinterlegende Ebene: an Figuren, die nicht vollständig inkludiert sind, lässt sich Funktionsweise u. Scheitern d. Gesellschaft, in d. sie nicht (vollständig) inkludiert sind, ablesen

Alle diese Novellen-Figuren = auch Diagnoseinstrumente der Gesellschaft

= markanter Blick auf Gesellschaft, bestimmte Phänomene die zum Umbruch führen

Gesellschaft bei Thomas Mann kann auf Grund ihrer interneren Verfassung, nicht mehr auf globale Veränderungen (Geldmangel, Krankheit, Erotik) v. außen reagieren
= nicht mehr handlungsfähig, wandlungsfähig -- >kann nicht mehr reagieren

Jahraus: „Wenn die Bürger zum Adel werden, gehen die Bürger unter." ← literarisch gesehen
Bsp. Buddenbrooks, Gustav von Aschenbach (mit 50 geadelt)

Entwicklung läuft darauf zu, dass Thomas Mann Typus findet, der durch alle 4 Felder typisiert ist u. der es trotzdem schafft, in Gesellschaft integriert zu sein

→ es läuft alles auf Gustav von Aschenbach zu
hat alles 4 desintegrierenden Elemente in sich vereint, einzige Auflösung bietet der Tod

Gustav von Aschenbach
= der Künstler seiner Generation
= intellektuell, reflektiert
= wird krank
= hat Erotik
+ ist auch noch Bürger, in Gesellschaft

Buddenbrooks

Unterschied Novellen – Buddenbrooks
- Länge – anderer Erzählraum
- Roman: Problem d. Generationenfolge in d. Familie (Hauptfokus

Problem d. Generationenfolge in d. Familie =Hauptfokus in Manns literarischem Projekt einer
Gesellschaftsanalyse

in Novellen wird Generationenproblem schon angesprochen, aber immer nur synchron,
Problem mit maximal einer anderen Generation zu einem bestimmten Zeitpunkt

Roman: diachron, auf längere Zeit u. 4 Generationen hinweg

alle 4 Faktoren auch in Buddenbrooks wichtig: Krankheit, Erotik, Intellekt, Kunst

  v.a. Krankheit, weil sie Familie praktisch zerstört (Hanno stirbt an Typhus)

  Intellekt, Kunst
   – Gerda bittet Klavierlehrer neue Musik zu spielen, reicht ihm Wagner, weigert
   sich dieses Chaos, diese Blasphemie zu spielen → Moment d. Ästhetisierung
   → außenstehende Person diagnostiziert Zerfall in Familie

   – Thomas Buddenbrook entdeckt Buch, ist zwar lesefaul, aber er vernachlässigt
   dafür sogar seine Geschäfte – liest Schopenhauer
   ab diesem Moment ist Familie zerstört, „Hanno hat keine Überlebenschance
   mehr"

   Wagner beschäftigt sich stark mit Schopenhauer, Mann rezipiert beide
    → Destruktion des individuellen Subjekts

    → Mann funktionalisiert Schopenhauer als Lackmustest f. Familie
    → je stärker Schopenhauer v. Bürgern gelesen wird, desto kränker ist
    Gesellschaft d. 19. Jhdt.s

  Erotik

Künstler-Bürger-Problematik auch in Buddenbrooks
  Bajazzo-Figur → Christian Buddenbrook (3. Generation)
  diese Figuren in Novellen eher solitär, Einzelkinder
  in Roman Bruder Thomas B. daneben gestellt → kontakarierend sieht man hier Fehler
  gleich doppelt

Gegensatz Buddenbrooks ←→ Hagenströms
  beides bürgerliche Familien – geht immer um Kapitalvermehrung
  Konflikt zw. Familientypen: Vergangenheit, nicht überlebensfähig ←→
  überlebensfähig
  = Spannungsfeld das Roman ausmacht (in Gesellschaftsanalyse)

Unterschied: Budd. ←→ Hagenströms: Organisation d. Generationenfolge (wie wird neue
Generation institutionalisiert?)

→ Heiraten anschauen (= Etablieren einer neuen Generation)

→ interessant: Verheiratung d. Tochter Toni
hier alle Spannungsverhältnisse vereint
ist daher konzeptionelle Hauptfigur d. Buches
Heirat = Sargnagel f. Untergang d. Familie, unter falschen kommerz. Wissen
eingefädelt
zeigt sich v.a. an herrschaftlichen Haus, das dann an Hagenströms verkauft wird –
Ausverkauf d. Familie

Heiraten: zwei bürgerliche Horizonte
- Liebesheirat
- Geldheirat
    → Wie verbinden Familien diese Horizonte?

Verheiratungen d. Buddenbrooks-Töchter = Fehlentscheidungen, am Ende bleiben nur
zerstörte Töchter ohne Geld über
bei Hagenströms klappt hingegen alles gut

Budd. v. Anfang an kontaminierte Familie (alle Probleme die auch schon in Novellen
vorkamen) → anfangs kommt man noch damit klar, aber am Ende ist Familie ausgehöhlt,
zerstört (Ende: Zusammenbruch v. Thomas Buddenbrook)

→ Wie wird das jetzt verfilmt?
    → Wie wird dieses gesellschaftliche Problem verfilmt?

Buddenbrooks allein 5 Mal verfilmt – erklärt starke Rezeption dieses Werkes
auch spannend, weil es Ansätze / Strömungen d. deutschen Filmes zeigt – 1923, 1959, 1965,
1979, 2008

Buddenbrooks. R: Gerhard Lamprecht. Deutschland 1923, 120 min.

→ Stummfilm
→ ohne auditive Komponente, schwer als Literaturverfilmung zu bezeichnen

Th. Manns ausdrücklicher Wunsch, dass nach 2. WK Verfilmung ein gesamtdeutsches Projekt
wäre – BRD u. DDR
    Koproduktion gelang sogar, aber sehr viele Schwierigkeiten und schließlich Scheitern

1955 starb Mann, dann vier Jahre später westdeutsche Version:

Buddenbrooks. R: Alfred Weidenmann, Deutschland 1959, 99 min. schwarz/weiß

Erika Mann sehr intensiv daran beteiligt, letzte Drehbuchfassung künstlerisch überarbeitet

Erika war f. viele problematisch, hatte aber ja viel Theatererfahrung und hat schon viel zum
Film beitragen können

+ sie spricht die Stimme d. Papagais Josephus

→ nicht zu beurteilen, ob es im Sinne ihres Vaters war

<u>Buddenbrooks. UK 1965, R: Michael Imison (1. Teil), 7 Teile, gesamt: 315 min.</u>

BBC-Verfilmung in 7 Teilen
    im BBC-Archiv verschwunden, heute nicht mehr auffindbar

<u>Buddenbrooks. R: Franz-Peter Wirth, Deutschland 1978/9, 11 Teile, gesamt: 614 min.</u>

Große Fernsehproduktion d. BRD
→ 11teilige Fernsehserie (über 10 Stunden) – ganz anders erzählt, mehr Möglichkeiten,
längere Erzählzeit

<u>Buddenbrooks. R: Heinrich Breloer, Deutschland 2008, 151 (Kino), 178 (TV) min.</u>

aktuellste Verfilmung, sehr publikumswirksam

→ <u>Wie wird die Geschichte erzählt? Welche funktionalen Komponenten werden v. d. Filmen
instrumentalisiert?</u>

Wir betrachten 2 Szenentypen:

-    <u>Wie beginnen diese Filme? In Relation zum Buch. Transformationsprozess.</u>

Roman beginnt mit Diskussion im Familienkreis, Familie als Hauptfigur d. Romans, Toni
muss etwas auf Französisch aufsagen, Inneneinrichtung genau beschrieben (Repräsentation,
gesellschaftliche Situation d. Familie), Toni ist noch ein kleines Mädchen, Gott u. Teufel
kommen in 1. sieben Zeilen vor

Insinuatio – hier muss Situation etabliert werden, die späteren Konflikte andeutet → zeigt
sozialen Hintergrund

1959-Verfilmung: erwachsene Toni geht durch Stadt Lübeck, trifft Grünlich, den sie
unsympathisch findet, dann sieht man herrschaftliches Haus, Tee der gesamten Familie und
Grünlich kommt dazu
    → Toni tritt zuerst im öffentlichen Raum ein
    → noch bevor es ins Private geht, trifft sie Grünlich

70er-Verfilung: genau wie im Buch, man sieht Haus, dann Familie und kleine Toni die auf
Großvaters Schoß Französisch übt und ein Gedicht auswendig aufsagt, Erzählstimme die dann
Hintergrundinfos gibt, Feier zur Hauseinweihung
    → hält sich nah ans Buch
    → sozialer Ort d. Hauses
    → soziales Ritual des Essens

    → Kamera nimmt Erzählerposition, ein Pol Patriarch Bud., ein Pol Kamera
    → zeigt Figurenverhältnis zueinander fast besser als geschriebener Mann

2008-Verfilmung: Wettrennen der Kinder gegen Hagenström-Kinder, dabei gehen eine
Menge Sachen kaputt und sie laufen vor der Polizei weg, Hagenström küsst kleine Toni, die
gibt ihm eine Ohrfeige, dann Zeitsprung zu einem großen Ball, wo Kinder erwachsen sind,

Eltern reden über Hagenströms, schöne Ballszenen, Flirtereien mit Thomas und Blumenverkäuferin, Hagenström will ganze Zeit mit Toni tanzen, als fast alle weg sind, gelingt es ihm
→ diese beiden Szenen gibt es so nicht bei Thomas Mann
→ Ball zeigt Generationenwechsel, Beziehungsstiftung am Besten, alle reden ständig nur darüber,

bei allen Filmen wird Konflikt mit Grünlich schon sehr nach vorgezogen
zentraler Konflikt: Hochzeit Toni u. Grünlich – als Negation einer Liebesheirat

wie wird Gesellschaft gezeigt
1. Film: Öffentlichkeit – Agora?? (Markt)
2. Film: gesellschaftliches Ritual, gemeinsames Essen (wie bei Mann)
3. Film: über Ball

Neben erotisches Moment einer Beziehung tritt das kapitalistische Moment – steht in Konkurrenz mit Liebesheirat („Geld heiratet Geld")

- Gespräch Toni und Morten

Tonis Verheiratung in Roman: Grünlich kommt ins Haus u. hält um Hand an, später erfährt man: Anwerbung ist erfolgreicher Versuch einer betrügerischen Bankrottabwehr
Toni u. Grünlich kommen nicht mit einander klar, Toni sagt, sie kann ihn nie lieben, Grünlich holt alle Register raus, kündigt sogar Liebesselbstmord an, Tonis Eltern erhöhen sozialen Druck ganz langsam, schicken sie auf Urlaub an Nordsee, Toni trifft dort alternative Liebesoption (Morten Schwarzkopf), mögliche Beziehung zw. Toni u. Morten wäre Mesailance? – erotische Verbindung über Gesellschaftsschichten hinweg, Morten ist Vertreter eines intellektuellen Modernismus, Art Gesellschaftsdiagnostiker (durchschaut soziale Verhältnisse und spricht sie auch aus)

Morten Schwarzkopf hat zwei narrative Funktionen:
- Reflektor u. Kritiker d. Gesellschaftsschichten – Sozialdiagnose
„Sind bei uns denn die Menschen freier, gleicher, brüderlicher als in Preußen?"
„Sie sind Sympathisantin des Adels, weil sie selber eine Adlige sind."
Standeskonflikt innerhalb d. bürgerlichen Gesellschaft (durch Geldadel)
Selbstnobilisierung d. Bürgertums

1959-Verfilmung: ganzes Zusammentreffen von Toni u. Morten in 3 Szenen, treffen Hagenströms an Strand, Morten an Rand gedrängt; politischer Diskurs; Liebesbeschwörungen – unterbrochen von 2 Szenen: außereheliche/außergesellschaftliche Beziehung v. Thomas u. einer Blumenverkäuferin; nach politischer Rede Mortens sieht man wie Konsulin Bud. eine Dienerin feuert, weil die sozialistische Parolen ablässt

79er-Film: tlw. wortwörtlich ident, aber sehr viel ausführlicher, weil es ja eine 6-teilige Serie ist und nicht ein Kinofilm

2008er-Verfilmung:
fahren zu dritt aufs Land (alle Geschwister), machen sich lustig über ihren Verehrer, nicht Begrüßungsszene, sondern Toni trifft allein Morten, dann gehen sie am Strand spazieren und lesen seine Medizinbücher, sehen Hagenströms am Strand, drehen aber um und Toni geht nicht zu ihnen, spazieren weiter, er ist wieder kritisch gegen Adel, sagt dass er einer demokratischen Burschenschaf angehört, dann geht er halbnackt schwimmen und sie bleibt am Strand, verstecken sich in altem Boot vor Gewitter, küssen sich, am Abend sagen sie sich, dass es der glücklichste Tag ihres Lebens war, er will um ihre Hand anhalten, wenn er Doktor ist, dann reist sie im Regen wieder ab und er läuft der Kutsche nach, muss wegen Grünlich abreisen und weint bitterlich

→ auch hier weicht Film massiv v. Vorlage ab
→ Toni geht nicht mit Hagenströms – agiert nicht gesellschaftlich
→ muss sich Namen Morten nicht erklären lassen, erfährt ihn diesmal auch 1. Mal in intimer Situation, wo sie nur zu zweit sind
→ politische Diagnostik stark zurückgefahren, nur Begleitphänomen f. erotischen Diskurs zw. d. beiden
→ Morten wird besonders gesund, hübsch, erotisch dargestellt → „männliche Venus" – zieht sich sogar aus = totale Normverletzung, in dieser Zeit u. Th. Manns Beschreibungen undenkbar

Funktion dieser Szene v. Breloer: Melodramatisierung
Regisseur verlegt Sozialdiagnostik in Szene die er erfindet (Ballszene), dadurch kann er die Morten-Szene v. der Diagnostik befreien u. hier mehr die Melodramatik u. Erotik hervorheben → entscheidendes Moment: Widerruf d. Erotik

Wie werden im Bürgertum Heiraten gestiftet?
- Liebe, Erotik
  – kommt nicht zum Zuge (im Buch u. 2. Verfilmungen, im 3. schon)

- Kapital, Geld
  – „Geld heiratet Geld"

- Genealogie, Status
  – zeigt sich darin, dass Toni von Morten „Prinzessin" genannt wird

Hagenströms haben mehr Erfolg: setzen auf kapitalistisches Moment, Buddenbrooks auf genealogisches
2008er-Film zeigt dritte Option: Heirat zwischen Toni u. Hagenström, schon seit Kindertagen aufgebaut

Erotiktopos ist bei Liebe zw. Thomas u. Blumenmädchen ausgelebt

Vergleich d. Tonis
59: blasseste Toni, verrät am Wenigsten über Innenleben, ist für uns am Uninteressantesten, aber dadurch entspricht sie am Ehesten d. Zeit u. Mann (genealogisches Prinzip)

Breloers Toni zeigt am Stärksten äußere Zeichen innerer Bewegtheit (Tränen)

Kamera muss versuchen, Erzählstruktur umzusetzen
Bsp.: Großaufnahme d. Gesichts – entspricht Innenleben d. Figur

Filmausschnitt Tonio Kröger Verfilmung aus 1965
– nimmt massiv Anleihen an Manns „Tod in Venedig"

- Erzähler aus Off charakterisiert Tonio – gleichzeitig sehen wir Bilder, die zeigen, worüber gerade geredet wird
- Film beginnt, wo Tonio erwachsen ist
- dann Rückblicke auf Kindheit (hier nicht mehr Erzähler)

Film zerbricht Deckungsgleichheit von discours und histoire – bei diesen Rückblicken stimmt Erzählzeit nicht mehr überein
bei Th. Mann ist Geschichte komplett chronologisch

    Regisseur baut nun auch Szenen ein, die nicht explizit in Novelle vorkommen
        Tonio ist bei Prostituierter, sie zieht Stiefel aus, dann sieht er im Spiegel
        Erinnerungen an Inge Holm, Szene geht dann zum Tanzunterricht d. Kinder u.
        Erzähler erzählt, was im Buch geschrieben ist
        Prostituiertenbesuch wird bei Th. Mann nur in Nebensatz erwähnt

Erzähler spricht nun v. Abenteuern, die Tonio erlebt → sind aber keine äußeren Abenteuer, sondern innere (d. Psyche)
- zeigt nicht Sozialität, sondern psychische Verfasstheit einer Figur = Problempotential

Buddenbrooks-Verfilmungen müssen immer sehr stark gesellschaftliche Öffentlichkeit in Szene setzen – hier geht es nun um Frage, wie Figur in Gesellschaft funktioniert

Film fokussiert auf Figur d. Tonio Kröger, geht sehr stark auf Innenleben, während Novelle schon wieder auch mehr auf Gesellschaft u. Sozialstrukturen verweist

→ daran nimmt dann später auch stark Visconti in seiner Tod in Venedig-Verfilmung Anleihe

Tonio will seine Liebe Hans mit Don Carlos verführen, weist ihn dadurch aber von sich weg – Literatur scheitert als Verführungsinstrument

Film verwendet nun dafür Musik – man sieht und hört Oper Don Carlos von XX
    Musik funktioniert erfolgreicher als Verführungsmittel

Visconti macht das noch stärker, macht aus Aschenbach einen Musiker und setzt sehr stark Musik von Gustav Mahler ein

Arbeit von Tonio weht aus Fenster, er holt es und trifft Prostituierte, der er nachgeht
    → an Stelle v. literarischer Produktivität tritt erotische Aktivität

    = gleich wie bei Tod in Venedig → Aschenbach sitzt am Strand, schaut Tadzio an und schreibt erst 2 Seiten, bevor er dem Jungen (zumindest mit Blicken) nachgehen kann

Tod in Venedig

Tod in Venedig = f. Jahraus einschneidende Stelle, trennt Manns Werk in davor und danach

Th. Mann spitzt Problempotential d. früheren Novellen zu

Figur zeichnet sich nun nicht nur durch autobiographische Elemente aus
→ nicht mehr Lübecker Kaufmannssohn, sondern Selbstthematisierung d. eigenen
schriftstellerischen Selbstverständnisses

Doppelstrategie: im Text werden Strukturen dieses Selbstverständnis aufgebaut, dass nur im
Tod des Schriftstellers enden kann, aber dem Schriftsteller des Schriftstellers (Mann selber)
öffnen sich nun neue Strukturen

→ Zauberberg war schon während „Tod in Venedig" als Novelle im Plan, hat sich danach
verselbstständigt u. wurde ein großer Roman

entscheidendes Moment d. gesellschaftliche Literaturanalyse bei Buddenbrooks:
Weiterführung d. Linie → Verheiratung
     drei Optionen: erotisch, kapitalistisch, genealogisch (Nobilitierung d. Bürgertums)

ersten 5 Worte d. Novelle Tod in Venedig: „Gustav Aschenbach, oder von Aschenbach"
     → bezieht sich auf Stelle, wo Morten in Buddenbrooks Toni „Prinzessin" nennt
     → Gesellschaftsdiagnostik
     → Selbstverständnis des Bürgers

bei Mann haben wir große bürgerliche Gesellschaft, alle sind Bürger, es gibt keinen
Ständekonflikt mehr (wie im bürgerlichen Trauerspiel), aber deswegen ist Gesellschaft noch
lange nicht friedlich → (gesellschafts-)politische Unruhen

Standesunterschiede nun nicht mehr genealogisch, sondern kapitalistisch

nun Moment, dass Verfasstheit d. kapitalistischen Bürgerschaft widerspricht →
Buddenbrooks sterben aus, Gustav von Aschenbach läuft auch auf Tod zu

→ unter Bedingungen einer kapitalistisch verstandenen Gesellschaft ist genealogische Option
ein Indikator des Scheiterns
     Bsp. Wenn man liest, dass Gustav von Aschenbach seit seinem 50. Geburtstag adlig
     ist, weiß man, dass er totgeweiht ist

auch erotische Option ist „tödlich", wird nicht gelebt oder hat keinen Erfolg im Erhalten d.
Familie
– v.a. dann auch wieder bei Aschenbach (Cholera)
– und dann auch in Dr. Faustus beim Besuch der Prostituierten Esmeralda (holt sich Syphilis
= Todesimplikation)

Wie werden diese 3 Optionen nun im Film dargestellt?
     → muss deutlich stärker didaktisch vorgehen, Publikum erkennt Strukturen nicht
     gleich

Visconti verfilmt Prostituierten-Szene aus Dr. Faustus und bringt sie in Vorgeschichte von Gustav von Aschenbach ein

Was hat Mann schon vor TiV geleistet? → Analyse, warum Gesellschaft nicht mehr funktioniert – Einbruchsstellen f. diskfunktionale Stellen in Gesellschaft (Krankheit, Erotik, ...)

1. Seite v. TiV
- absolut kritische Situation individuell u. gesellschaftlich
     → Krise d. Kontinents – politische Umbrüche in Gesellschaft
     → + Produktionsmaschinerie Gustav von Aschenbach kommt ins Stocken

     diese Doppelsituation ist auch schon in früheren Werken da, aber politische Überformung ist in TiV wesentlich gefahrvoller u. dunkler dargestellt, als in Buddenbrooks, wo's noch scherzhaft angesprochen wird

Novelle muss zw. 1910-1914 spielen

<u>Position von TiV in Manns Werk-Genealogie</u>

- Was sind Krankheitserreger die Krise auslösen?
     → Aschenbach sieht schönen Tadzio, begibt sich da schon in Lebensgefahr

     → das Schöne kann man aber auch als politische Verführungen interpretieren – faschistische Vereinnahmung

ist nur noch kleiner Schritt von hier bis zu direkter nationalistischer Kritik in späteren Werken

- Th. Mann vor TiV: → bis zu diesem Text stand Analyse d. Scheiterns d. Gesellschaft im Mittelpunkt

- Th. Mann nach TiV→ ab diesem Text, wird Modell erweitert für eine Erklärung der faschistischen/totalitären Vereinnahmung eben dieser Bürgergesellschaft

- alter Topos des „Bürger-Künstler-Konflikts" ist auf 1. Seite von TiV schon gelöst → Aschenbach ist geadelt, hat also schon totale Anerkennung
     dabei tritt aber viel größeres Problem auf: Ist Bürger-Künstler (der beides ist) nicht viel schlimmer als, wenn er es nicht schafft?

     = also eine Erzählung, wo Mann erstmal das Problem, das er sonst immer beschreibt, von vornherein löst

werkgeschichtlich betrachtet ist TiV Symptom einer <u>Schaffenskrise</u>
     Th. Mann hat diesen vielen kleinen Texte geschrieben, kam dann in eine Krise, wo er nicht mehr wusste, wie er sich als Schriftsteller positionieren soll, seine Literaturkarriere stand auf der Kippe → Was jetzt? Wie kann es weitergehen?

     Was muss Text enthalten, der darauf antwortet?

Schaffenskrise
Zuspitzung d. Schaffenskrise
Lösung d. Schaffenskrise → Tod

Th. Mann beschreibt einen Schriftsteller, der an seiner Schaffenskrise zugrunde geht, und schafft es dabei, seine eigene Schaffenskrise produktiv zu überwinden und sein Werk am Leben zu lassen → danach folgen die großen Romane

Problem d. frühen Novellen ist gelöst: Aschenbach ist Bürger-Künstler
Aschenbach vereint Konfliktfeld, er vereint d. Bürger u. d. Künstler

→ nun viel größeres Problem
erotische / ästhetische Verführbarkeit,
Grundlosigkeit d. eigenen Schaffens,
Einbruch d. literarischen Produktion,
Tod der Figur u. Tod d. Figurenkonzepts
= Problem d. Überlebens d. Gesellschaft

→ danach kommen bei Mann neue Figurenkonzepte

→ neues Konfliktfeld: politischer Aspekt schon in 1. Zeile angesprochen
(„gefahrenvollen Miene des Jahrhunderts")

→ alles was Bürger-Künstler erlebt hat irgendwie politischen Bezug

Tadzio
= erotisches Moment

hier auch Reihe v. autobiographischen Elementen hineininterpretierbar → als literarisches Coming-Out

bei Manns Werk → Verführungssituationen sind sozial nicht zu verwirklichen
wenn, dann gibt es sie noch in den Vorgängergenerationen (aber auch unglücklich, z.B. Johann Buddenbrook hat Liebesheirat, aber sie stirbt im Kindsbett, 2. Frau mag er nicht)

Gesellschaften funktionieren, in dem sie erotische Interessen abtilgen → müssen sie ersetzen → irgendwann funktioniert es nicht mehr, weil das Moment der erotischen Verführbarkeit irgendwann im politischen System landet

hier haben wir nun „Knabenliebe" – kann ja von vornherein schon nicht f. Vermehrung d. Familie funktionieren

Aschenbach am 50. Geburtstag geadelt – Lebensmittelpunkt / Höhepunkt
= Reminiszenz auf Goethe → wurde von Mann aufgegriffen, dann aber nicht weiter drauf eingegangen

Th. Mann erzählt nicht Geschichte des alternden Goethe, der sich in ein junges Mädchen verliebt, sondern er erzählt die Geschichte eines 50-Jährigen, der sich in einen Knaben verliebt

Welche Probleme d. Bürger-Künstlers kann man an Knabenliebe abhandeln?

- Tadzio ist schön – in einem erotischen Aspekt
  geht um Verliebsein Aschenbachs in diesen Knaben – spricht das sogar aus
  = erotisches Interesse

- Tadzio ist schön – auch in einem ästhetischen Aspekt
  Schreiben im Angesicht des Schönen – man schaut das Schöne und schafft
  gleichzeitig das Schöne – entspricht d. Konzeption d. Produktionsmaschine
  Aschenbach, er kann darunter aber nicht mehr produzieren

Werke die Aschenbachs Erfolge sind = gescheiterte Anfänge v. Mann → deswegen muss
Aschenbach dann sterben

Aschenbach schafft 1,5 Seiten erlesenster Prosa - = Manns Anfang von Richard Wagner-
Essay (auf Hotelbriefpapier)

Position in Gesellschaft:

- Aschenbach hat viel geschaffen, Texte werden in Schule gelesen → Jugend soll ihm
  also folgen → dabei läuft er dann selber dem Jungen nach = Verkehrung d. Situation

- Gesellschaftliche Anerkennung durch Nobilitierung

- Ehe → Frau stirbt und er hatte nie einen Sohn (Ehe ist also nicht erfüllt)

- Moralische Dimension – setzt sein Handeln eine gesellschaftliche Moral um – hier
  spielt Aspekt d. Knabenliebe

alle diese Aspekte zusammen, können gesellschaftliche Position einer Person festigen, aber in
dem Moment, wo Knabenliebe all das in Frage stellt, werden alle anderen Aspekte doppelt
gefährlich

Tadzio = Funktion, die Position von Aschenbach zu unterhöhlen
Tadzio = letzter, der drei Todesboten

Aschenbachs einzige Hoffnung, um Skandal zu entgehen = Tod
echter Tod = nur das 2.schlimmste
d. Schlimmste in Bürgergesellschaft wäre sozialer Tod

Aschenbach = Superrepräsentant d. Gesellschaft, hat alles in sich vereint, und der verfällt nun
einem Knaben
→ Was sagt das nun über Gesellschaft aus, für die Aschenbach repräsentativ steht?
Antwort bei Mann nur angedeutet
Bei Viscontis Verfilmung ganz klar ausgebaut

Aschenbach stirbt u. Welt ist erschüttert
-
wollen neuen Zugang zu Thomas Mann finden → über Verfilmungen

Zwei wichtige Aspekte in „Tod in Venedig" (f. d. Zugang mit Filmen, gibt noch viele andere Aspekte)
→ Bürger-Künstler
→ neues Konfliktfeld: politischer Aspekt

Filme „buchstabieren politische Situation aus" → fassen Entwicklung d. Gesellschaft zu totalitären Gesellschaft in Perspektive
→ nehmen schon Weg zu Faschismus u. Nationalsozialismus ins Auge

Filme machen implizite/latente Faschismus-Kritik v. Th. Mann offensichtlich
→ bei Th. Mann implizit, früh schon Fasch-Kritik

bei „Mario u. Zauberer" ist Faschismus-Kritik ganz explizit u. im Mittelpunkt

betrachten heute drei Regisseure
-   Rolf Thiele
    o   Das Mädchen Rosemarie, Tonio Kröger, Wälsungenblut

-   Luscino Visconti
    o   bis in 60er war Visconti „Neorealismus", danach gibt er das auf u. inszeniert große historische Stoffe
    o   Der Leopard, Die Verdammten (Götterdämmerung), Tod in Venedig, Ludwig II., Gewalt und Leidenschaft
    o   „Gewalt und Leidenschaft" ist Variation von Tod in Venedig – auch älterer Herr, der in jungen Mann verliebt ist
    o   Visconti nennt Ludwig II., TiV u. Verdammten im Nachhinein die „deutsche Trilogie" – chronologisch rückwärts gefilmt – drei markante Passagen d. dt. Geschichte (Lud II, vor 1. WK, 1933)
    o   setzt Manns Projekt d. dt. Gesellschaftsgeschichte fort – auch bei ihm läuft Geschichte auf ein Superproblem zu → Machtergreifung
    o   verfolgt gleiches Ziel wie Th. Mann → Frage: Wie konnte es dazu kommen?

    o   Jahraus: Visconti verfilmt eigentlich das Gesamtwerk v. Th. Mann
        ▪   Bsp.: Schiff heißt „Esmeralda" – Name d. Prostituierten v. Adrian Leverkühn
        ▪

-   Ken Russel
    o   Tschaikowsky, Mahler, Lisztomania, Die seltsamen Anwandlungen des Anton Bruckner
    o   Thematische Linie in seinem Werk: Film u. Musik
    o   sonst hat er „Softporno" gemacht

Filmausschnitt aus „Wälsungenblut"
= auch Literaturverfilmung einer Novelle v. Mann

Offiziere auf Brücke bei Friedensengel
werfen Semmeln v. Bäcker in Isar, ziehen Hut v. Geschwisterpaar (Siegfried u. Sieglinde nach Wagners Oper benannt)
→ Beziehung nach oben u. nach unten

→ Film bringt neue Person ein, der nicht in Novelle war: das Militär

Konflikt zw. Künstler (Geschwister)

Filmausschnitt „Tod in Venedig", Visconti

Anfang:

dunkler Bildschirm, dann wird es langsam heller – alles was man sieht, schält sich aus dem Konturlosen heraus – Himmel u. Wasser nicht auseinander zu halten

Schiff fährt in Dämmerung über Meer, begleitet v. Sinfonie
Schiff heißt „Esmeralda" – Name d. Prostituierten v. Adrian Leverkühn
Aschenbach sitz im Liegestuhl an Deck u. liest
Landschaftsbilder d. Salinen, dann Einfahrt in Hafen v. Venedig

Sinfonie zu Ende, bei Einfahrt in Venedig militärische Marschmusik u. man sieht joggende Soldaten am Strand → kommt bei Th. M. nicht vor =>semantisches Signal = Viscontis Übersetzung v. Manns 1. Satz über „gefahrenvollen Miene des Jahrhunderts"
    es zeigt sich, dass Gesellschaft schon in Krise ist - politisch

Flotte v. Gondeln holt Gäste v. Dampfer ab, im Hintergrund wunderschönes Venedig

erstes Gespräch das man hört ist der eklige alte Mann, der sich unter den jungen Männern versteckt, geschminkt ist u. Aschenbach komisch anredet – Todesbote
    ganz am Ende v. Film ist Aschenbach gleich hergerichtet, auch so geschminkt
    – er begegnet sich so, wie er später selber ist = Begegnung mit späterem
    Aschenbach – Raum d. Todes

dann fast wörtlich aus Novelle die Szene, wo der Gondoliere in gegen seinen Willen bis zum Lido fährt (Gondoliere ist weiterer Todesbote) – Gondoliere sagt „Sie werden bezahlen", er muss dann ja nicht gleich zahlen, erst später – mit seinem Leben

zeigt Aschenbach als privilegierten Mann, hat viel Gepäck, andere respektieren ihn, etc

Visconti fängt Geschichte zwei Abschnitte später an als Th. Mann → Münchner Vorgeschichte u. Reiselust u. Reise selber u. Charakterisierung v. Aschenbach weg → Visconti setzt erst in Venedig ein
    – holt es später nach, aber nicht in d. Spaziergang, sondern in Familienbildern, die Mann nur erwähnt

→ Film spielt sehr viel stärker mit Gegensätzen, Bildern

→ immer wieder Krankheitssymptome v. Aschenbach mit Krankheit d. Gesellschaft verwoben
    Krankheit = Metapher f. Krise

Welt ist in politischer Krise → Krankheit ist medizinische Metapher f. politische Krise

TiV → erotische Verführbarkeit d. Bürgerkünstlers
        → erotische Verführung = Medium f. politische Verführung d. Bürgers

deswegen sehen wir gleich am Anfang d. Soldaten – erotische Verführbarkeit in gesellschaftlich nicht normierter Sexualität = Verführbarkeit mit Faschismus

in Rückblicken ist Aschenbach bei Prostituierter, die „Für Elise" am Klavier spielt – später spielt Tadzio selbes Stück

Film u. Buch: Venedig ist Ort d. Erotik u. Ort d. Todes

Film (aus 1971) nimmt noch andere Elemente aus späteren Werken Manns mit rein, Mann erlebte ja später auch selber Faschismus:
- musiktheoretische Gespräche (tlw. wortwörtlich Leverkühn – Zeitblom)
- Prostituierte Esmeralda (auch aus Dr. Faustus)

Aschenbach erstmals im Hotel
Schaut durch Fenster auf Strand u. sieht gleich als erstes Tadzio – mit seinen typischen Handbewegungen
Geht dann zu seiner Strandhütte, überall am Lido reiche Gäste in Sonntagsgewand am Strand
Rückblick an Gartenszene mit seiner Frau u. jungen Tochter – Eltern küssen sich
Dann zurück zu Strand u. Kindern, die dort spielen – Jungs scheinkämpfen, Dreckiger Tadzio kommt zu Frauen zurück, gleich neben Aschenbachs Strandhütte
Reden Polnisch
Alle Frauen u. Töchter teurest angezogen, kein Sandkorn auf ihnen
Aschenbach beobachtet halbnackten Tadzio, fängt dann an zu schreiben/komponieren – man hört Musik im Hintergrund, Tadzio schaut ihn an
Musik geht weiter, es ist Abend, Aschenbach auf seinem Balkon
Nächster Tag Strandpromenade, Asch. sieht Tadzio, der lasziv an Stange lehnt u. sich dann an denen dreht, nur in Strandanzug mit viel Haut bekleidet – so gefilmt, dass man Entfernung zw. den beiden nicht einschätzen kann
Asch. muss sich daraufhin an Strandhütte festhalten u. lehnen, damit er nicht umfällt

Schnitt zu Tadzio, der im Hotelvorhalle „Für Elise" spielt – Asch. redet mit Hotelangestellten über Seuche, Angestellter streitet alles an – seien sie nicht besorgt
Man hört Tadzio immer noch spielen, obwohl er gar nicht mehr da ist, Asch. spielt in Luft mit, nun Schnitt zu jungem Asch. in Bordell, wo Prostituierte Esmeralda „Für Elise" spielt
Ästhetische Aufnahmen v. d. Prostituierten, Asch. verlässt dann bestürzt das Gebäude und man hört wieder „Für Elise"

Schnitt zu Abendspaziergang bei Hotel, polnische Familie kommt rausgeputzt an Asch. vorbei, Tadzio in Matrosenanzug lächelt ihn an, Asch. geht weiter in Dunkelheit, sitzt auf Bank – „Du darfst niemals so lächeln" – führt Selbstgespräche über Tadzio „Ich liebe dich" – wie in Novelle

Begegnung mit Tadzio ist v. erotischer, sexueller Natur – auch wenn nichts passiert
Tadzio-Erfahrung ist zunächst ästhetisch, Prostituierten-Erfahrung ist sexuell → über Musik werden diese beiden Szenen/Erfahrungen überblendet
nach Rückblende kommt ja „Ich liebe dich"

Frühere Novellen Gefährdung f. Bürger durch absondere Charaktäre (Erotik, Tod, etc.)
Nun ist Gefahr im Bürger selbst
Selbstgefährdung d. Bürgers ist immer auch politisch deutbar

v.a. im Film → Zusammenspiel des Erotischen, Ästhetischen (Musik) u. des Politischen

Musik ist Musik v. Gustav Mahler → 3. u. 5 Sinfonie
nicht nur Hintergrund, auch als Interpretationsansatz
Aschenbach ist im Film ein Komponist, kein Schriftsteller – stellt auch Gustav
Mahler dar (er heißt ja auch noch Gustav Asch.)

im Film: Knabe aktiver als Aschenbach, er blickt Asch. sehr viel intensiver an, als Asch. ihn
Tadzio nicht so unschuldig, verführt ihn narzissenhart

Filmausschnitt „Mahler" von Ken Russel

Mahler u. Alma Mahler im Zug v. Vöcklabruck nach Wien
plötzlich sieht Mahler am Bahnsteig „Aschenbach" u. einen jungen Blonden in
Matrosenanzug der sich lasziv an Stangen dreht – Asch. schaut ganz begeistert,
gleichzeitig Musik v. Gustav Mahler – der Mann am Bahnsteig ist auch
Reflexion f. Mahler selbst
= ganz klares Filmzitat !

= sozusagen gleicher Anfang wie bei TiV v. Visconti → Mahler begegnet sich
selbst

TiV 1911 geschrieben, das ist das Todesjahr von Gustav Mahler –> der dann seine Figur
Gustav (Aschenbach) nannte
→ Mahler = Projektionsfigur f. Aschenbach

Ken Russel geht umgekehrten Weg, nimmt Aschenbach u. führt sie als Filmzitat
reflexiv vor u. nimmt Aschenbach für seine Darstellung u. Problematisierung v. Mahler
= Kreisbewegung: v. Mahler zu Aschenbach bei Mann, v. Aschenbach zu Mahler bei Russel
→ gegenseitige Projektion

mit Bürger-Künstler Aschenbach gewinnt Th. Mann das Potential f. die politische Kritik d.
Bürgertums → Verführung → das Bürgertum ist verführbar

Verführung ist vielleicht abstrakt, aber wenn man sie im politischen Hintergrund betrachtet,
macht sie Sinn

1913 erscheint Mario u. Zauberer (italienischer Faschismus), dann Nationalsozialismus

weitere Szene: Traumsequenz aus Mahlers Russel Film
Begräbnis
Sarg wird von Männern in schwarzer Uniform mit Totenköpfen
getragen, Trauergesellschaft marschiert militärisch, Mahler im Sarg lebt
noch – immer begleitet von Mahlers eigener Musik

Frau tanzt Lapdance auf Sarg, der oben durchsichtig ist, Mahler sieht alles
Lebender Traummahler in Sarg verbrannt, Asche hat 2 Augen
Witwe Alma u. Soldaten tanzen Ballet v. Fotos u. Gemälden d. echten Mahler, küsste einen d. Soldaten u. Staue v. Mahler, hat immer weniger an

Russel verwendet d. Bsp. Mahler f. historische Problematisierung d. Künstlertums → bei Mahlers Tod gab es ja noch keine Nazis

Idee ab d. 60er (v.a. im Film) → politische Perspektivierung

Ähnliches Filmprojekt wie Visconti → Hans Jürgen Syberberg
- Ludwig – Requiem für einen jungfräulichen König (1972)
- Hitler – ein Film aus Deutschland (1977)
- Parsifal (1982)

Syberberg hat ganz andere Filmsprache als Visconti (keine große Ausstattung, spielen auf einer Bühne – theaterartig)
Aber Ähnlichkeit: Ludwig-Film, Hitler (Machtergreifung), dann fehlt noch Künstler: Richard Wagner
    Th. Mann schreibt ja Essay über Wagner an Strand v. Hotel

Ludwig = Urszene einer katastrophischen Gesellschaftsentwicklung, das zu Untergang d. Bürgertums führt (Verführbarkeit durch Kunst/ d. Ästhetische) ← deswegen haben die beide Filme drüber

→ behandeln beide eine Problematik d. dt. Gesellschaft, das schon von Th. Mann vorgedacht wurde

<u>Wie wird Verführung in Szene gesetzt?</u>
    → über Erotik (Verbindung zum Ästhetischen)
    Aschenbach bemerkt als erstes, das Tadzio schön ist
    Knabenfigur → narzisstische Figur als Seelenverführer

auch im Film „Cabaret" von Bob Fosse (spielt vor Machtergreifung) kommt eine Knabenfigur → Hitlerjunge, der vor bürgerlichem Publikum wunderschön singt u. der alle verführt

→ Begriff d. Schönen = doppeldeutig zw. Erotischen u. Ästhetischen
    vgl. später in Dr. Faustus: Musik wird zweideutig bezeichnet

+ zu dem Zweideutigen kommt dann noch das Politische dazu

<u>Wie wird das Politische konkretisiert?</u>
- bei Ken Russel: durch Marschieren d. SS-Soldaten, die aber erotisches Ballet mit Alma tanzen (Striptease)

→ sexuell aufgeladene Inszenierung einer Symbolsprache d. Faschismus u. d. Nationalsozialismus
    = Interpretation d. NS in vielen Filmen d. 60er, 70er, 80er

Buchtipp: Markus Stiglegger: Faschismus und Sexualität im Film

immer Konvergenzpunkt d. Erotischen u. d. Politischen → läuft auf Sexualisierung d. Faschismus heraus

Filmausschnitt „Die Verdammten" von Visconti

→ Jahraus: auch wenn es keine Textvorlage gibt, ist es im Grunde auch eine Th. Mann-Verfilmung

Familie Essenbecks (sollen Krupps sein) vor Machtergreifung
– sehr reich, viele Diener
Patriarch liegt im Sterben, es ist Frage, wer gigantische Rüstungsfirma bekommt

1. Frage: Wie kann man innerhalb d. Firma Anti-NS-Mitglieder ausschalten?
2. Frage: Kriegt SA oder SS Firma in d. Hände? → dann mischt sich noch Sohn d. Familie ein

behandelt stark „Röhm-Putsch" → Argumentierung d. politischen Mordes: SA sei moralisch verkommen, weil so viel Homosexualität in SA vorhanden war

Ausschnitt:
Familie schaut Burlesque-Show mit Transvestiten – unterbrochen von Nachricht, dass Reichstag brennt – Transvestit bleibt zurück – gespielt von jüngsten Enkel (Helmut Berger)
dann Familienessen, streiten sich über Brand – manche NS, manche Gegner

aus geschäftlichen Gründen kommt es zu einem Vizepräsidentenwechsln → vom fähigen in d. Familie hin zu dem, der Nazi ist (SA-Führer) u. bessere Verhältnisse zum System hat – Plan dadurch die Familie v. (NS-)Politik freizuhalten

SA-Führer wird ermordet, Firma soll dann von Geschäftsführer geleitet werden – damit das angemessen ist, heiratet er Tochter Essenbeck

2. Szene: Hochzeit und Giftmord – zum Selbstmord gezwungen, im Auftrag v. NS-Sohn – eingerahmt von komischer Feier mit einigen komischen SS-Soldaten

letzter Sohn der übrig bleibt, ist SS → er höhlt Familie vollkommen aus, vergewaltigt seine Mutter, bevor er sie dann zum Selbstmord zwingt

Figur d. Sohnes: Transvestitennummer bringt homoerotisches Element hinein → singt Lied „Ich wünsche mir einen richtigen Mann" → Patriarch findet das furchtbar → über Generationen hinweg gibt es hier nicht überkommbare Konflikte zw. Wertvorstellungen → am Ende bringt er dann in SS-Uniform absolute Zerstörung d. Familie

Patriarch gibt als Vermächtnis weiter, sich nicht von Politik einnehmen zu lassen, trotzdem macht er „Bock zum Gärtner" – befördert SA-Mann

→ völlige Zerstörung d. Familie durch sexuelle Ergrenzung → dahin tritt dann Politik
= Ablösung d. Familie durch Politik

„Blauer Engel" Verfilmung v. Heinrich Mann (Heinr. Manns Buch aus 1905: „Proffesor Unrat") → dort singt Lola Mantez „Ich wünsche mir einen richten Mann"

Brüder Mann setzen sich mit spezifischem Problem d. Gesellschaftsgeschichte auseinander
Bei Thomas ästhetisches Problem immer im Vordergrund → immer Künstler als Charaktere
bei Heinrich schon sehr früh das politische/soziale → Hauptcharakter ist Lehrer → lernt aber
trotzdem ein Verführungselement kennen (Lola) → gründet Etablissement, dessen Sinn
„Entsittlichung der Welt" ist

Visconti bringt beide Brüder Mann in diesen Film hinein

Jahraus sieht d. Film als Th. Mann Verfilmung
- homoerotische Szene d. Transvestiten
- Familienessen → Wer erbt die Firma?
  => Wie ein typisches Buddenbrooks-Essen → kaum Unterschiede in familiärer
  Konstruktion → Frage nach unternehmen u. Familienmitglieder → Problem d.
  Generationenwechsels
  o Problem hat sich vom ökonomischen (Bud) hin zum politischen verlagert →
    Wie halten wir die Familie aufrecht? → in beiden Fällen scheitert es
  o Buddenbrooks u. Essenbecks haben selbe Probleme, bei Essenbecks stärker,
    weil es nun um Politik geht

„Die Verdammten" zeigt wie Sexualität Mittel zur Zerstörung d. Familie wird

Kann man einordnen in literarisch/filmisches Projekt einer deutschen Gesellschaftsgeschichte
→ Problem d. Verführbarkeit des Bürgertums

   in vielen Filmen d. 70er dargestellt

nächstes Mal „Mario und der Zauberer" und Verfilmung von Klaus Maria Brandauer
      → Brandauer-Film ist aus 90ern, kommt zu spät, weicht zu stark v. Novelle ab

Thomas Mann Auseinandersetzung mit Faschismus und Nationalsozialismus

1938 = Zeit, in der Th. Mann dann klar war, was seine Position zum NS ist → Gegnerschaft
als er 1933 ins Exil ging war er da noch nicht so sicher

1938 schrieb er dann einen Essay „Bruder Hitler"
      → Interesse am Phänomen Hitler

entscheidendes Moment zur Analyse des Faschismus ist das Künstlertum
Verwandschaft zw. eigenem schriftstellerischen Selbstverständnis u. d. Lebensfeind Hitler

Frage: Wie konnte Geschichte d. Bürgertums im 20. Jhdt. im Faschismus münden?
      → es gab ja keine Usurpation, Nazis kamen ja legal an die Macht

alle Exilautoren stellen sich diese Frage → Beginn der kritischen Theorie

Filmausschnitt Günther Grass „Blechtrommel"
→ der das dann später weiterführt

außerehelicher Geschlechtsverkehr (Witwer u. Dienstmädchen) , in dem unglücklicherweise
ein Kind gezeugt wird → weil Oscar kommt u. so der Samenerguss nicht verhindert werden
kann
Oscar versucht zuerst d. ganze Zeit das Kind abzutreiben, als es geboren ist, „adoptiert" er es
ab u. spricht es dann als seinen Sohn an

Oscar geht zum „Volksempfänger" – zeigt schon Hintergrundideologie
         Hier wird sehr viel mit Musik gearbeitet
Oskar ist ein Trommler – ist zugleich Hitler u. Anti-Hitler in einer Konstellation

Oskar Mazerath und Hitler lässt sich als Bruderschaft wie in Th. Manns Essay verstehen

- wir sehen familiäre u. damit bürgerliche Strukturen → und darin faschistische
  Subversion

in literarischen Projekten der Faschismus-Kritik wird immer Sexualität als Mittel, um
Begehrungsstrukturen darzustellen, verwendet

gemeinsames Essen als Familiarität
- worüber unterhalten sich Buddenbrooks, Essenbecks, Mazeraths beim Essen?

Unterschiede d. Familien: Bud, Ess sind großbürgerlich, Mazerath & Co sind kleinbürgerlich
→ andere Reproduktionsmuster, uneheliches Kind ist ok

Familien haben eine Einbruchsstelle, wo sie subversierbar sind → Begehrungsstrukturen

Th. Mann: Faschismus funktioniert, weil er Begehrungsstrukturen ködert
Solche Begehren sind potentiell ästhetisch → vgl. Mario u. d. Zauberer

Kritische Theorie:Bürgerliche Gesellschaft ist eine faschistoide Gesellschaft, wenn ihre
kapitalistischen Elemente Überhand nehmen → Kapitalismus als Begehren

Mann u. Grass sehen das anders → viele untersch. Begehren (von sexuell bis kapitalistisch)

Mario und der Zauberer, 1930

= direkte Fortsetzung genau jenes Potentials, dass Mann schuf, als er Kontrast Bürger und
Künstler aufgab und den Bürger-Künstler schuf

Potential des Bürger-Künstlers

Schrieb das 1930 zu einer Zeit als Faschismus in Italien u. Europa politische Realität war, in
Deutschland war er aber noch nicht an der Macht

Mussolini ab 1922: Marsch auf Rom, aber doch legale Machtergreifung, erst 1925/25 wurde
er zum „Duce" und hat Demokratie abgeschafft

Familienvater erzählt von einem Familienurlaub in Italien – in einem faschistischen Land

Familie entdeckt versch. Anzeichen, wie faschistische Struktu d. bürgerliche Gesellschaft unterwandert hat

Zentrales Ereignis (Kennzeichen einer Novelle) → Zauberaufführung
 → innerhalb der Aufführung ist das Ende das zentrale Ereignis: Mario ermordet Cipolla

Cipolla beweist, dass er Macht über Menschen hat → Hypnose

Erzähler macht permanent Hinweise darauf, dass es kein gutes Ende hat „Wir hätten gehen sollen"

Cipolla = ästhetisch, aber gleichzeitig stark politisch, er ist zwar keine Führerfigur, aber eine Machtperson – „Er hat ästhetisch Macht über Menschen und nützt das politisch aus."

Mario hat etwas von Tadzio, aber Cipolla auch → Tadzio ist aufgeteilt auf die beiden

Mario wird vorgegaukelt, dass er seine Freundin Silvestra küsst, er küsst aber in Wahrheit Cipolla

Dispostition: Mario hat Begehren, er will führen, er ist ästhetisch verführbar und dadurch auch politisch indoktrinierbar

als Mario erkennt, was passiert ist, erschießt er in einer letzten verzweifelten Geste Cipolla

Unterschied Buch ←→ Film

Film = nicht werkgetreu

- Der Selbstmord des Hoteldirektors ist eine Erfindung des Films.
- Der Zauberer wird am Ende von Silvestra, nicht wie in der Erzählung, von Mario geküsst.
- Während in Thomas Manns Novelle Cipolla am Ende von Mario erschossen wird, ist es im Film Silvestra, die den Zauberkünstler erschießen will, dabei jedoch Mario trifft.
- Im Film ist Silvestra die Tochter der Pensionswirtin Angiolieri, im Buch hingegen wird diese Verwandtschaftsbeziehung nicht erwähnt.
- Cipolla hat keine Peitsche
- Die Novelle ist aus der Ich-Perspektive des Familienvaters erzählt und seine Familie bleibt namenlos, im Film erhält sie den Namen Fuhrmann.
- Vater Fuhrmann zeigt im Film eine kritische Haltung gegenüber der politischen Situation, während er im Buch eine mehr passive Rolle spielt.

Filmausschnitt aus Verfilmung „Mario und der Zauberer" (1994, Regie: Klaus Maria Brandauer, er spielt auch Cipolla)

> Ende d. Zaubervorführung: Cipolla hyptnothisiert Mario und seine Angebetete Silvestra „Ihr werdet meine Befehle folgen, ihr werdet tun, was ich will, denn meine Befehle sind eure Wünsche."
> Mario und Silvestra sollen sich küssen, sie will nicht v. allen Leuten, aber Cipolla erklärt ihr, wie sehr sie ihn begehrt, Cipolla redet Silvestra ein, dass sie ihn (Cipolla) liebt und sie küsst ihn leidenschaftlich, dann erkennt sie Wahrheit und will Cipolla erschießen, trifft aber Mario → das Publikum klatscht begeistert

„ Als Cipolla schließlich zum sensationellen Höhepunkt kommt und die junge Silvestra zwingt, ihn zu küssen, indem er ihr vergaukelt, er sei der junge Hilfskellner Mario, eskaliert die Situation: Aus der Hypnose erwacht, erkennt Silvestra die Demütigung und versucht Cipolla aus Rache zu erschießen. Die Kugel verfehlt jedoch ihr Ziel und trifft unglücklicherweise Mario, der seiner Schussverletzung erliegt. "

Mario ist hier eigentlich nur Requisite u. Opfer

Filmanalyse:

Buch Beziehung Mario ←→ Cipolla, Mario küsst Cipolla, weil er glaubt, er sei Silvestra

Film Beziehung Silvestra ←→ Cipolla, Silvestra küsst Cipolla, weil er ihr einredet, dass sie ihn begehrt → Cipolla beharrt auf seiner Identität

Zwei komplexe Paarbeziehungen

im Buch ganz klar homoerotische Beziehung: Cipolla tritt an Stelle d. Frau, zwei Männer, die sich küssen

im Film heterosexuelle Beziehung, die auch mit dem Zauberer hetereosexuell bleibt

Gerhard Härle: Männerweiblichkeit. Zur Homosexualität bei Klaus und Thomas Mann. = Dissertation
→ macht auf entscheidende Frage aufmerksam: zwei Figuren Cipolla auf Bühne u. Ich-Erzähler-Figur im Publikum → Stehen die beiden in einer Spiegelrelation? Sieht sich der Zauberer (Mann) im Publikum als der Zaubrer auf der Bühne?

Thomas Mann bietet es an, ihn als Erzähler zu identifizieren → ist eine Leseart

im Film verändert sich auch die Rolle des Herrn im Zuschauerraum, die beiden Schauspieler sehen sich überhaupt nicht ähnlich → er greift diese Spiegel-Möglichkeit also nicht auf

Cipolla im Film bekommt andere ideologische Inszenierung: Funktion der Regisseursfigur: Brandauer inszeniert Film u. Cipolla (Brandauer) inszeniert auf Bühne, behält externe Rolle bei

Film = eigentlich Film über einen Regisseur (Metafilm)
Hitler und Anti-Hitler gleichzeitig zu sein – auf ästhetischem Gebiet, gleichzeitig der, der berichtet und der, der selber trickst

Eigentliche Achse in Novelle: Cipolla und Ich-Erzähler, diese Achse ist im Film zerbrochen

Novelle betreibt Faschismus-Kritik – und zwar nicht, weil erzählt wird, dass im Faschismus Menschen belästigt werden

Ambivalenz der Verführer-Figuren, es gilt die Ambivalenz zu erkennen, weil man sonst das Phänomen immer nur äußerlich betrachtet und nicht versteht
= Ansatz von „Bruder Hitler"
= Manns Typus des Bürger-Künstler –

Mario und der Zauberer → Verhältnis der Verführung ist im Film anders abgebildet

Klaus Maria Brandauer inszeniert den Zauberer als Regiesseur – autoreflexive Interpretation
→ einzige Person, die im Film eine so starke Figur besetzt

im Buch gibt es ganz entscheidende andere Figur: Spiegelungsachse zw. 2 Zauberern: der auf
der Bühne und der im Publikum → dem Film gelingt es nicht im Ansatz, diesen 2. Zaubrer
gg.über dem auf der Bühne stark zu machen

im Film tritt Schriftsteller öffentlich auf und spricht im öffentlichen Rahmen – und scheitert
dort v. Publikum = Versuch die Erzählerstimme zu implementieren, aber dadurch verliert die
Figur des Schriftstellers noch mehr

Novelle ist gleichzeitig guach literatrische Faschismusanalyse u. –kritik

Film ist ja viel später in einer Zeit in d. Faschismus keine politische Realität ist – deswegen
muss er das auch nicht machen
→ hebt künstlerisch-ästhetische Perspektive hervor

These: Th. Manns Frage nach der Künstlerschaft steht immer im Anbetracht der politischen
Situation – was passiert mit den Verfilmungen, die diese politische Situation nicht mehr
haben?

Spätere Romane

ab jetzt spätere Romane u. wie sich dort die bürgerliche Gesellschaftsgeschichte v. Mann
darstellt u. ankündigt

- Lotte in Weimar (1936-1939), 1939

- Zauberberg (1913-1924), 1924
  o war als humoristisches Gegenstück zur Novelle Tod in Venedig geplant,
    Zauberberg entwickelte sich dann aber weiter u. wurde ein eigener großer
    Roman
  o epochaler Umbruch: 1. WK, Ende des „langen 19. Jhdt.", Ende d. Monarchien
  o ganz starker Fokus auf Sozilisationsgeschichte d. Hans Kastor (kein Künstler,
    sondern ein Schiffsbauingenieur) – begegnet vielen Lehrerfiguren
  o besucht Vetter f. 14 Tage und bleibt 7 Jahre – Zeit läuft anders am Zauberberg

- Doktor Faustus (1943-47), 1947
  o beginnt 1943 (genau wie Erzähler Zeitenblom)
  o Künstlergeschichte unter d. Vorgaben d. katastrophischen Entwicklung (2.
    WK) – deutsches Schicksal als ein militärisches Schicksal thematisiert,
    Holocaust kommt nicht vor, bemerkenswert v.a. weil Mann das ja wusste
  o Grundkonzeption: Künstlerschaft gelingt genial, als Faschismuskritik
    funktioniert Roman nicht so
  o Eine Figur ist Reflektorfigur, die andere ist Künstler
  o Inwiefern ist Teufelspakt wieder ein literarisches Element zur Analyse d.
    Faschismus?
  o Künstlerschaft und das deutsche Schicksal

- Joseph und seine Brüder (1933-1943)
    o Tetralogie
    o nicht verfilmt – d. Geschichte selbst wurde ja oft verfilmt, aber nicht die spezifischer Version von Th. Mann
    o Künstlerfigur hat versch. Elemente auch wenn sie kein Künstler ist: Joseph trägt andere Kleidung, begegnet Verführungssituationen (der er nun diesmal standthält)
    o am Ende übernimmt Joseph Verantwortung f. Gesellschaft = Abschluss d. Sozialisation

Thomas Mann schickt Figuren immer wieder durch selbe Aufgaben, manchmal scheitern sie (an der Verführung) und sterben dann, manchmal überleben sie

- Die Bekenntnise des Hochstaplers Felix Krull (1905, 1910-1913, 1951-54), 1954
    o gilt als Thomas Manns Lebenswerk – der Romen, der ihn Zeit seines Lebens verfolgt hat
    o Krull ist auch kein Künstler, aber eigentlich die am intensivsten entfaltete Künstlerfigur von Th. Mann
    o Gesellschaft ist f. Felix Krull Kunst – er geht mit d. Gesellschaft wie mit Material um, das macht ihn zum Künstler

→ alle Verfilmungen dieser Filme haben einen ganz anderen Zeitkontext als d. Romane

Bürger-Künstler-Konflikt ist ja seit Tod in Venedig gelöst
Zauberberg: Neuanfang – Frage nach der Situiertheit d. Künstlers?

Hans Kastor (hat was v. Tadzio, „a", „o"), Adrian Leverkühn, Felix Krull
    = alles untersch. Ausformungen d. Künstlerfigur → die, die Frage nach ihrer Situiertheit stellen u. spezifisch zur Gesellschaft stehen

Lotte in Weimar
(auf engl. The beloved returns)

geschrieben 1936-1939
erschienen 1939

= Reihe v. Exilierungserfahrungen, erst nach Schweiz, dann Ausbürgerung, dann nach USA

Film entsteht auch in einer Diktatur: 1957 in der DDR

„Lotte in Weimar" sticht aus Künstler-Reihe hervor
→ Künstler, der hier (endlich) auftritt ist Goethe

aber Goethe ist Künstler u. steht daher unter selben Fragestellung

Erzählerstruktur:
- 40 Jahre nachdem Lotte u. Goethe eine Beziehung hatten – die zwar sozial nicht Erfolg hatte, aber ja künstlerisch im „Werther" zur Vollendung kam
- alte Witwe Lotte kommt nach Weimar zurück, um Goethe zu sehen (historisch verbürgt)

- 40 Jahre sind zu groß, um Liebe wieder aufflammen zu lassen – das Alter macht alles zu nichte

das Positive am Roman, die Idee:
nach 40 Jahren kehrt Lotte zruück zu einem Mann, der gesellschaftlich u. politisch äußerst wichtig ist (Gesellschaftsspitze d. Staates Weimar) u. künstlerisch überragend groß ist
= ein Künstler, der es in jeder Hinsicht geschafft hat

→ zu ihm kommt nicht die ehemalige Liebe, sondern ein Gegenstand der Kunst (seiner Kunst)
  setzt ihn ganz erheblich unter Druck, „musste sie den kommen?"
  nur weil es Künstler, in jeder Hinsicht geschafft hat
  nun: Frage nach der Bedeutung seiner Künstlerschaft ist noch lange nicht beantwortet

Goethe war schon ziemlich gemein, Lotte zu einer Romanfigur zu machen, aber Th. Mann ist noch böser, er nimmt sie nur als Katalysator, um dieser Frage nach d. Künstlerschaft nachzugehen

Goethe = großes Vorbild von Mann

Th. Mann nimmt Goethe um Frage zu beantworten, wie es mit Bedeutung d. Künstlerschaft steht => auch Dokument d. schriftstellerischen Selbstverständlichkeit v. Thomas Mann

dieser Roman ist auch starke Goethe-Kritik – immer wieder kritisch dargestellt, sehr ambivalent

große Kunst von Th. Mann, der hier sein großes Vorbild geschickt verwendet, um wieder der Frage nach der Ambivalenz des Künstlers nachzugehen

diese Ambiavlenz kann jetzt wieder politisch gedeutete werden („Bruder Hitler") – geht aber auch über Politik heraus
→ Künstler ist ambivalent, weil er Sprengkraft f. Gesellschaft ist

Opfer bringen, jemanden aus Gruppe als Oper bringen => bringt Gruppe näher zusammen
Erfolg der Kulturen ist es, dieses Menschenopfer durch etwas anderes zu ersetzen
→ Künstler erzeugen Opfer

Lotte ist das paradigmatische Opfer, sobald sie Weimar betritt, ist sie nicht mehr Lotte, sondern Goethes Lotte

Goethe schafft nicht nur Opfer, er bringt auch Opfer – wird reduziert auf das, war er als Künstlerfigur geschaffen hat

Goethe sagt im Roman: „Ich selber bin das Opfer." - Künstlerfigur ist nur da, um Opfer zu sein, damit sich Gesellschaft über dieses Opfer definieren kann
→ steht im Zusammenhang mit dem Begriff der Kulturnation, der in 1930ern wichtig war

Roman besteht aus 9 Kapiteln
- in 1. sechs Kapiteln ist Lotte in Weimar und Goethe ist noch nicht aufgetreten – er tritt immer nur in der Reflexion durch andere auf (die über ihn reden)

- Lotte erlebt die Weimarer Gesellschaft, die sich alle über Goethe definieren u. in irgendeiner Weise zu Goethe positionieren
- Lotte ist der perfekte Katalysator, weil sie alle als Goethes Wekr sehen und sich darin wieder positionieren

Letztes Drittel des Romans
- 7. Kapitel: großer innerer Monolog, Goethe spricht mit sich selbst

- 8. Kapitel: Goethe inszeniert sozialen Rahmen, in dem er Lotte sieht; so gemacht, dass niemand aus sozialen Rahmen austreten kann – endlich sieht Lotte Goethe, aber eigentlich sieht sie ihn nicht – festgezerrt im sozialen Rahmen des Essens
- → Künstler sitzt bei Th. Mann nun erstmals nicht an Rand, sondern in Mitte
- dadurch sitzt Goethe aber eigentlich wieder am Rand, er macht Witz, alle lachen, er erzählt Geschichten, die anderen erzählen sie fertig

- 9. Kapitel: Lotte fährt mit Goethes Kutsche ins Theater u. am Rückweg sitzt Goethe plötzlich neben ihr, jetzt sitzen sie endlich beisammen
- Diskurs über Opfer, psychische Dimension: sie sind beide Opfer
- Das 1. Mal, das Lotte als Mensch erscheint
- Goethe spricht von den Opfern, die er gebracht hat u. das er selber ist – Goethe ist jetzt nicht mehr Künstler, sondern nur noch Kunstfigur = Höhepunkt d. Ambivalenz

- Buch endet in selber Szene wie er beginnt, Lotte steigt aus Kutsche, nur diesmal ist Goethe weg → er war auch nie in Kutsche, ist Projektion v. Lotte oder v. Erzähler

Thomas Mann hat diesen Roman auch als Modell einer künstlerischen Selbstverständlichkeit gesehen
- dieser Goeteh ist beides zusammen: Cipolla (nicht im politischen Sinne) und Ich-Erzähler
- bemerkenswert ist, dass Th. Mann, das nicht nützt, um den Künstler jubilatorisch darzustellen, sondern er stellt immer die Ambivalenz dar (zeigt Kritik)
- Goethe ist dieser große Künstler, aber er ist auch diese große Belastung

- Goethe wird ein Satz in den Mund gelegt, den Th. Mann selber geäußert hat
  → „Die Deutschen, sie mögen mich nicht. Recht so, ich mag sie auch nicht, so sind wir quitt. (Goethe-Original) Ich hab mein Deutschtum für mich, ... Sie meinen sie sind Deutschland, aber ich bins. Und ginge es zugrunde, es lebe weiter in mir. (Original Thomas Mann"

- Originalzitat Thomas Mann bei Ankunft in New York: *„Es ist schwer zu ertragen. Aber was es leichter macht, ist die Vergegenwärtigung der vergifteten Atmosphäre, die in Deutschland herrscht. Das macht es leichter, weil man in Wirklichkeit nichts verliert. <u>Wo ich bin, ist Deutschland. Ich trage meine deutsche Kultur in mir.</u> Ich lebe im Kontakt mit der Welt und ich betrachte mich selbst nicht als gefallenen Menschen."*

- → „<u>Wo ich bin, ist Deutschland.</u>" – und das legt Th. Mann jetzt Goethe in Mund

⇒ <u>Streit über das richtige Deutschland</u>

in den 30ern wurde Th. Mann Ehrendoktorschaft in Bonn aberkannt, weil er das deutsche Volk nicht mehr präsentiert, später bekam er eine in Harvard, eben weil er die deutsche Kultur repräsentiert

Verfilmung:
- hält sich sehr an Buch
- teilweise wortwörtlich

rigide Literaturverfilmung hält sich an Kapitel 7, 8, 9

wichtiges Element: Begriff des Opfers

Der Künstler bringt ein Opfer, der Künstler ist ein Opfer der Gesellschaft, der Künstler ist *das* Opfer der Gesellschaft

Künstlerproblematik

Historizität
= komplexer Begriff untersch. Zeithorizonte – Vgl. Entstehungszeit u

→ man kann unterstellen, dass Entstehungszeit d. aktuellen Zeithorizont liefert, der in Erzählung eingegangen ist
→ v.a. wichtig im Angesicht des Faschismus u. Nationalsozialismus

Dr. Fausts begonnen als 2. WK sich dem Ende neigte, weitergeschrieben über Kriegsende, danach erschienen → Was für ein Faschismusmodell kann entstehen, wenn man so zeitnah schreibt?

besonderer Fall Felix Krull, weil er über so viele Jahre hinweg geschrieben wurde

u. genauso hat der Film seine Zeit u. reflektiert seine Zeit
→ der Film kann Literatur verfilmen u. übernimmt d. zeitlichen Horizont der Literatur – setzt das aber nun in Spannungsrahmen mit seiner eigenen Zeit

sehr nah Felix Krull erschienen 1954, Film schon 1957 – aber schreiben begonnen hat Mann ja schon 1905
ganz extrem Zauberberg 1924 erschienen, Film 1981

Rekonstextualisierung
durch den Film

Lotte in Weimar geschrieben nach Anschluss, in der DDR verfilmt
im Buch spricht Goethe fränkischen Dialekt, der DDR-Goethe spricht sächsisch
→ im Namen d. Films bekommt dieser Dialekt Zeichencharakter = Tendenz d.
Klassikeraneignung durch DDR („Goethe ist ein DDR-Bürger.")
Film hält sich zwar sehr an Buch, inszeniert damit aber ganz andere Gesellschaftssysteme – nicht mehr die Ambivalenz d. Künstlers, sondern eher ein gesellschaftliches System - Sozialismus

verfilmte Sozialität: Ritual des Essens – in sozialistischer Gesellschaft gibt es keine Großen, ist die Frage, wie man Klassiker einbindet → vollkommen übertriebene lächerliche

Reaktionen d. Zuhörer beim Essen → Künstler braucht im Sozialismus Anerkennung d. Gesellschaft

Zauberberg-Verfilmung
es reicht nicht zu sagen, dass ist eine historische Literaturverfilmung

→ Wo ergibt sich hier die Tendenz einer Rekontextualisierung durch den Film?

Regie: Geißendorfer 1981 = Erfinder der Lindenstraße
→ er hat Zauberberg-Verfilmung als 3teilige Fernsehserie geplant

Pointe d. Lindenstraße ist ihre Echtzeit, wenn die ein halbes Jahr lang trauern, dann dauert das auch in echt ein halbes Jahr – Erzählzeit u. erzählte Zeit haben sich einander angeglichen
= Modell d. sozialen Realismus

=> wie in Verfilmung v. Zauberberg

Gesellschaft in existentieller Krise

erzählte Zeit bei Th. Mann: Zulauf auf ersten Weltkrieg
1981 wird Zauberberg zum Modellfall

Tod, Erotik, Intellekt, Krankheit → alle 4 Elemente d. frühen Novellen im Zauberberg enthalten
      genau wie bei Tod in Venedig → der beendet das durch Bürger-Künstler
      Zauberberg beendet das durch Zulaufen auf Katastrophe d. 1. Weltkrieg

Im Roman bekommt das alles eine Funktion im Hinblick auf Neuerfindung des Bürger-Künstlers
- im Film ist das natürlich auch da, man kann d. Film historisierend sehen
→ aber auch anders interpretierbar

wichtig: Speisesaal als Ort d. sozialen Rituals (wie wird man Individuum in einer Gesellschaft) = auch Realismus – wie wird soziale Gesellschaft dargestellt
      → Inwiefern sind das Muster gesellschaftlichen Funktionierens u. Normierens?

Dr. Faustus

= d. problematischste Fall

Roman entwickelt ein sehr schwieriges Modell, um eine Frage zu beantworten: Wie konnte das passieren? (= auch Frage d. 68er)
→ geht auch um ein Erklärungsmodell, warum der Nationalsozialismus ein so durch u. durch deutsches Phänomen sein konnte?

Was hat der NS mit dem zu tun, was Th. Mann als Bestimmungsmoment einer dt. Nation angeben würde?

=> sehr komplexe Frage u. Antwort !

was passiert, wenn man diese komplexe Frage in anderen Zeithorizont stellt (wo die Frage historisch schon längst überholt ist – in dem Sinne, dass es schon eine Reihe v. erklärenden Modellen gab)

Rezension für den Film aus 1982 (= sehr zeittypisch)
→ Motte: 1947 mag das interessieren, aber 1981?
„Auf Teufel komm raus. Nun ist aber genug oder werden wir auch noch die Tagebücher verfilmt bekommen? Es wäre besser gewesen, der Regiesseur hätte den Dr. Faustus einen Mann sein lassen. Seitz hat den Roman so verfilmt, dass man am Roman irre werden kann. Adrian das syphilitisch enfesselte Genie, sein Triumpf und Zusammenbruch stehen für Anfang und Ende Hitlers. Im Seitz-Film fällt das in Stücke."

Argument: Roman entfaltet genau ein Erklärungsmodell des NS, führt es zurück auf das was das deutsche Wesen ist: Künstler und Genie Adrian Leverkühn → und das kann der Film nicht

Dr. Faustus einordnen in das große Gesamtmodell
- Thomas anns Projekt ist ein Prohekt d. Gesellschaftsanalyse, der dt. Gesellschaft vom Ende d. 19. Jhdts. bis nach den 2. WK
- Es ist ein literarisches, künstlerisches Projekt, das permanent seinen eigenen künstlerischen Status reflektiert und als Bedingung für seine Existenz nimmt – hochgaradig autoflektiv
- Ausdruck dieses Projekts, Verkörpferung dieses Projekts leistet die Figur des Künstlers – v. Anfang an, in untesch. Figuren → am Künstler wird das Gesellschaftlice überhaupt erst einer Analyse zugänglich

da können wir bis in die Romantik zurückgehen u. sehen immer, der Künstler ist schwierig, Taugenichts, außerhalb d. Gesellschaft (a-sozial)

bei Th. Mann kommt etwas hinzu: Disfunktionaltiät bekommt eine Funktion auf der Ebene des Textes, weil sich der Künstler ideal eignet, diese Gesellschaftlichn Probleme darzustellen

→ das liegt an seiner Doppellungsstruktur, an seinem Auseinanderfallen (Bruder Hitler) – das liegt an dieser Zweiteilung des Künstlers

bei Th. Mann gibt es immer solche Dopplungen, Künstler ist gedoppelt in zwei semantische Spähren (sehr stark bei Mario u. Zauberer)
    diese Doppelung kann vielfältig sein, großer Formenreichtum – Bsp. innerpsychische Dispostiion d. Künstlers (Tod in Venedig) oder Auftreten v zwei Künstlern (Mario u Zauber)

- bei Dr .Faustus haben wir beide Strukturen – Leverkühn ist in sich zerrissen (Theologie u. Musik)

Musik ist das teuflische, Theologie das göttliche, aber irgendwann kann man das nicht mehr auseinanderhalten – Teufelsfiguren in Theologie u. göttliche Musik

+ Doppelfunktion: Künstlers (heiterer Diosynos) u. ihm gegenüber ein ernster Apoll (Zeitblom)

Doppeldeutigkeit des Künstlers = figuraler Ausdruck d. Zweideutigkeit d. Kunst selbst

Ebenenkorrelation: Bruder Hitler auf d. eienn u. Doppeldeutigkeit d. Kunst auf der anderen
Seite berufen sich gegenseitig

Zitat aus Dr. Faustus: Wenn man bei bestimmten Tonarten nicht mehr sagen kann, welcher
Tonart sie eigentlich zugehören. Musik gewinnt dadurch grundsätzlich Zweideutigkeit.

Doppelung d. Künstlers u. seine Zweideutigkeit = das Element zur Gesellschaftsanalyse !

Grundlegendes Prinzip d. Menschen, etwas zu kategorisieren
- grundlegende Kategorisierung: Gesellschaftlichkeit

Kunst ist in homen Maße gesellschaftlich (reflektiert Geselschaft) u. gleichzeitig anti-
gesellschaftlich (subvertiert Gesellschaft v. innen heraus)

und das jetzt auf den Künstler umgelegt, ist wieder die Ambivalent von „Bruder Hitler"

= Grundproblem v. Gesellschaften – wir müssen beides immer gleichzeitig

Künstlerfiguren sind beides → geht nur darum, wie sie sich entscheiden

Manns Erkenntnis aus 1938: man kann sich entscheiden, der Bruder von Hitler zu sein und
nicht Hitler !

=> Faschismus erklären zu wollen aus bestimmter ästhetischer Disposition heraus (Moment
der Verführung) = literarisches Erklärungsmodell

lange Zeit galten andere Erklärungsmuster, wie wirtschaftliche Faktoren
        zB auch bei Grass „Blechtrommel"

neuere Arbeiten zu NS:
Hitler-Biographie von Kershaw – geht stark auf soziale Strukturen, erzählt aber
individualhistorisch – ich erzähle die Geschichte v. Hitler

Was macht denn dann der Film?
→ Wie schaut das 1982 aus, wenn Seitz Dr. Faustus verfilmt?

= das immer noch Film über NS?

→ das ist großes Problem f. d. Film – der existiert in zwei Fassungen (mit 1 Stunde
Unterschied)

Film beginnt so wie Film endet, Adrian Leverkphn lädt seine Freunde ein u. begeht mit seiner
Lebensbeichte (Eingeständnis d. Teufelspaktes)
→ das erfahren wir im Film ganz am Anfang, u. dann folgt er der normalen Erzählstruktur –
immer wieder von Rahmensituation unterbrochen

in d. ursprünglichen Filmfassung gab es eine andere Rahmensituation: Puppenspieler führt
Marionetten, Faust unterschreibt mit Mephistopheles den Teufelspakt, dann Schnitt zu 2.WK-
Schlachtfeld aus 1942, dann Schnitt zu einem Dürerbild u. Stimme die etwas dazu sagt, dann
britischer Bomberverband, die Dürers Darstellung überfliegen, Schnitt in Bunker, wo auch
Dr. Zeitblom sitzt, Kellerwände beben wegen Bombeneinschüssen

⇨ hier wird als erstes die Teufelsfigur eingeführt, der Puppenspieler =
Mephistopheles

→ diese Version greift auf Goethes Faust zurück, wo es Puppenspiele gab (16. Jhdt.) – damit
macht diese Fassung des films sehr viel stärker, was andere Fassung im Hintergrund ist u. was
auch im Buch erst a postiori zu rekonstruieren ist → Rückgriff auf alten Fauststoff
+ das kombiniert mit der Erfahrung des 2. WK

Rezension fragt, was hat die 12-Tonmusik mit Stalingrad zu tun?
Rezension sieht nicht, dass Film eigenständige Antwort gibt

Buch: Antwort im Bezug auf Doppelung des Künstlers, Bruder Hitler - Künstler als Reflektor
für deutsche Gesellschaft

Der Film verlagert das, Puppenspieler gespielt von andre heller
Dr Faustus film inszeniert Folge von teufelsfiguren (immer von heller gespielt! - katholischer
hochschuldozebt, Puffmutter, Puppenspieler, Teufelspakt mit stimme von heller belegt

Film spielt das aus, dass immer die selbe Figur ist

Hauptfigur im film ist heller, ideologische Verlagerung auf teufelsfigur
Film gibt nie vor eine Erklärung für NS zu sein, film inszeniert Teufelspakt sehr viel starker,
Teufelspakt als küüstlerschicjsal
-/> entgeht so d Problem der historizität, entgeht dem Problem der retectuakisierubg

Film ist nicht NS-Analyse, ist Teufelspakt
- auch Tod in Venedig ist Reihe von Todesboten

Kurzer Blick auf Felix Krull

Opus Magnum von Thomas Mann, weil es ist nicht nur die Künstlergeschichte mit längster
Vorbereitung, sondern auch die wo die Künstlerfirgur am stärksten ist
→ auch wenn Krull nicht wirklich Künstler ist

Kommentar dazu: Schwindler und Betrüger, Dienst einer Gesellschaft verweigert
→ im Gegensatz zum asketischen Autor, der voller Selbstdisziplin steckt =

Krull ist am flexibelsten, von Gesellschaft abhängig, aber durchschaut sie, schadet
Gesellschaft, in dem er ihr schadet

Schon 3 Jahre später erste Verfilmung, mit eigenem Schluss
Krull wird in seiner falschen Identität bestätigt, von Eltern desjenigen als der er sich ausgibt

apäter auch Fernsehserie

Bei beiden wird Krull immer als Gegenmodell der jeweiligen Gesellschaft eingesetzt, noch
starker Schelm als in Buch, weil Filme so typisch BRD sind - unter Adenauer besondere Form
der gesellschaftlichen Neuorientierung

Film zeigt historische Landschaft,, aber auch der Historie entzogen, weil der Schelm immer auf aktuelle Gesellschaft passt - für Künstler Felix Krull wird Gesellschaft zum Objekt der Kunst

=> weiteste Form von Manns Gesellschaftsprojekt, Figur erfinden, die Gesellschaft positiv u negativ beeinflusst